Treasures for Scholars Worldwide

師顧堂叢書

蔣鵬翔 沈楠 主編

金澤文庫本

# 春秋經傳集解

定公 哀公

九

〔晋〕杜預 注

廣西師范大學出版社
GUANGXI NORMAL UNIVERSITY PRESS
·桂林·

左傳集解
廿七

春秋經傳集解定上第二十七　杜氏　盡七年

陸曰定公名宋襄公子昭公弟謚法
安民大慮曰定

陸曰定公名宋襄公子昭公之弟謚法安民大慮曰定



春秋經傳集解定上第二十七　杜氏　盡七年

經元年春王　公之始年而不書正月公即位在六月故也

三月晉人執宋仲幾于京師　晉執人于天子之側而不以歸京師故但書其執不書所歸也

夏六月癸亥公之喪至自乾侯　告於廟故書至也

癸亥公之喪至自乾侯書至也

戊辰公即位定公不得以正月即位共其時故詳而曰之記事之宜無義例也秋七月癸巳葬我君昭公公在外薨故八月乃葬九月大雩無傳過也立煬宮煬公伯禽子也其廟已毀季氏禱之而立其宮書以譏之冬十月隕霜殺菽無傳周十月今八月隕霜殺菽非常

菽本文作叔亦同

菽之。冬十月隕霜殺菽今八月隕霜
殺菽非常
之災也
傳元年春王正月辛巳晉魏舒合諸
侯之大夫于狄泉將以城成周魏
子涖政涖臨也代天子大夫爲政也衛彪傒衛大
夫也曰將建天子而易位以

也[illegible]之[illegible]

令非義也大事奸義必有大咎晉不共諸侯魏子其不免乎是行也魏獻子屬役於韓簡子及原壽過簡子韓起孫不信也原壽過周大夫也而田於大陸焚焉禹貢大陸在鉅鹿北嬾絕遠藪也田在汲郡吳澤荒蕪之地火田并見燒也[illegible]甯今

燕ユ元

蕪亡元

裁才代反又亡再反注同

[illegible]燬山田在汲郡吳澤荒蕪之地火田并見燒也
爾雅廣平曰陸
還卒於甯
甯今脩武縣近吳澤也
范獻子去其柏椁以其未復命而田也
范獻子代魏子為政去其柏椁示貶之
孟懿子會城成周
不書公未即位也
庚寅裁
裁設板築
宋仲幾不受功曰滕薛郳
[illegible]欲使三國代宋受[illegible]

栽板築宋仲幾不受功曰滕薛郳
吾役也欲使三國代宋受功役也郳小邾也薛宰曰
宋為無道絕我小國於周以我適
楚故我常從宋晉文公為踐土之
盟在傳二十八年曰凡我同盟各復舊職
若從踐土若從宋亦唯命仲幾曰
……固曰從舊薛……

若從踐土若從宋亦唯命仲幾曰

踐土固然固曰從舊薛為宋役也薛宰曰薛

之皇祖奚仲居薛以為夏車正皇大也奚仲為夏禹掌車服大夫也奚仲遷于邳邳下邳縣也仲虺居薛以為湯左相仲虺奚仲之後也

若復舊職將承王官何故以役

[illegible]

若復舊職將承王官何故以役

諸侯承奉也仲幾曰三代各異物薛

焉於虔反得有舊言居周世不得以夏殷為舊為宋役

亦其職也士彌牟曰晉之從政者

新言范獻子新為政未習故事也子姑受功歸吾

視諸故府求故事也仲幾曰縱子忘之

山川鬼神

視諸故府事也仲幾曰縱子忘之

山川鬼神其忘諸乎

山川鬼神盟所告也

士伯怒謂韓簡子曰薛徵於人

典籍故事人所知也

宋徵於鬼

取證於鬼神也

宋罪大矣且己無辭而抑我以神誣我也啓寵納侮其此之謂矣

開寵過分則納受侵侮也

[illegible]納受侵侮也

必以仲幾為戮乃執仲幾以歸三

月歸諸京師知以歸不可故伇歸之京師城三

旬而畢乃歸諸侯之戍齊高張後

不從諸侯後期不及諸侯之伇也晉女叔寛

曰周萇弘齊高張皆將不免叔寛女寛

也[illegible]天[illegible]既厭周

曰周萇弘齊高張皆將不免女寛
也　天既厭周
萇叔違天高子違人德萇弘欲
遷都以延其祚故曰違天諸侯相
帥以崇天子而高子後期故曰違
人
也
天之所壞不可支也衆之所為
不可奸也為哀三年周人殺萇弘
六年高張來奔起也
夏叔孫成子逆公之喪于乾侯
叔孫婼

夏叔孫成子逆公之喪于乾侯子
叔孫婼之子　季孫曰子家子亟言於我
未嘗不中吾志也吾欲與之從政
子必止之且聽命焉　衆事皆諮問子家子也
子家子不見叔孫易幾而哭　幾哭會也
不欲見叔孫故故朝夕哭不同會也　叔孫請見子家
子家子辭曰羈未得見而從

朝夕哭不同會也

子家子辭曰羈未得見而從君

以出出時成子未為卿也若不命而薨羈不

敢見言未受昭公之命也託辭以距叔孫也叔孫使

告之曰公衍公為實使羣臣不得

事君二子始謀逐季氏者也若公子宋主社

稷則羣臣之願也宋昭公弟

事君（季氏者也）若公子宋主社
稷則羣臣之願也（宋昭公弟定公也）凡從
君出而可以入者將唯子是聽子
家氏未有後季孫願與子從政此
皆季孫之願也使不敢以告（不敢叔孫）
（成子若也）對曰若立君則有卿士大夫
與守龜在羈弗敢知若從君者則

若也

對曰若立君則有卿士大夫

與守龜在羈弗敢知若從君者則

貌而出者入可也貌出謂以義從公與季氏無實怨者

寇而出者行可也與季氏為寇讎者自可去也

若羈也則君知其出也君昭公也而

未知其入也羈將逃也喪及壞隤

壞徐古懷反又ゝ恠反
隤徒回反

隤徒回反

未知其入也羈將逃也喪及壞隤

公子宋先入從公者皆自壞隤反出奔也

六月癸亥公之喪至自乾侯

戊辰公即位諸侯薨五日而殯殯則嗣子即位癸亥昭公喪至五日殯於宮定公乃即位也

季孫使役如闞口暫反公氏將溝焉闞魯羣公墓所在也季孫惡烏路反又如字昭公欲溝絕其兆域不使

公氏將溝焉季孫惡昭公欲溝絶
其兆域不使與先君同也榮駕鵝曰生不能事
死又離之以自旌也駕鵝魯大夫榮成伯也旌
章也縱子忌之後必或恥之乃上季
孫問於榮駕鵝曰吾欲爲君謚使
子孫知之爲惡謚也對曰生弗能事死
又惡之以自信也將焉用之

子孫矣之謚也 [illegible]

又悪之以自信也將焉用之乃上

秋七月癸巳葬昭公於墓道南孔

子之為司寇也溝而合諸墓 明臣無貶君之義

昭公出故季平子禱于煬公

九月立煬宮 平子逐君懼而請禱於煬公昭公死於外自以為獲福

…於煬公昭公死於外自以為獲福故立其宮也

周鞏簡公弃其子弟而好用遠人簡公周鄉士也遠人異族也為明年鞏氏賊簡公張本也

經二年春王正月夏五月壬辰雉門及兩觀災無傳雉門公宮之南門兩觀闕也天火曰災

古乱反注及下同也

門兩觀 古乱反注及下同也 兩觀闕也天火曰災

秋楚人伐吳 嚢瓦稱人見誘以敗單也 冬十月

新作雉門及兩觀 無傳

傳二年夏四月辛酉鞏氏之羣子弟

賊簡公 傳言弃親用踈所以敗也 桐叛楚 桐小國也

廬江舒縣西南有桐鄉 吳子使舒鳩氏誘楚

舒鳩楚 … 敖舒鳩誘

南有桐鄉

人舒鳩楚屬國也曰以師臨我欲舒鳩誘楚使以師

臨吳矣我伐桐為我使之無忌吳伐桐也

僞若畏楚師之臨已而為伐其叛

國以取媚者也欲使楚不忌吳所

謂多方以誤之也秋楚囊瓦伐吳師于豫

章從舒鳩言也吳人見舟于豫章偽將為楚

伐桐而潛師于巢實欲以冬十月

□言也吳人見舟于□為楚
伐桐者也而潛師于巢實欲以擊楚也冬十月
吳軍楚師于豫章敗之楚不忌故也遂
圍巢克之獲楚公子繁繁守巢大夫也邾
莊公與夷射姑飲湑私出射姑邾大夫出
辟湑也閽乞肉焉奪之杖以敲之奪閽
杖以敲閽頭也為

敲苦孝反又苦学反
說文作□云
擊頭也字林
同又曰擊牛□

閽乞肉焉奪之杖以敲之閽
也杖以敲閽頭也為
明年邾子卒傳

經三年春王正月公如晉至河乃復無
傳二月辛卯邾子穿卒再同盟也夏四
月秋葬邾莊公六月乃葬緩也冬仲孫何
忌及邾子盟于拔拔地闕

闕皮八反

傳

三年春二月辛卯邾子在門臺門上

有臺臨廷閣以鉼水沃廷邾子望

也

見之怒閽曰夷射姑旋焉旋小便命

執之閽見其不潔執射姑也弗得滋怒自投于

牀廢于鑪炭爛遂卒廢隋也先葬以

欲藏中之潔故先

牀廢于鑪炭爛遂卒也先葬以
車五乘殉五人欲藏中之潔故先
房盖具内車及殉別為便
遺命也莊公卞急而好潔故及是
卞躁疾也秋九月鮮虞人敗晉師于平
中平中晉地也獲晉觀虎恃其勇也為五
年士鞅圍鮮虞張本也冬盟于郯郯即拔也脩邾
公即位故

虞張本也 夫 … 揆也 佗 …

好也 公即位故脩好也 蔡昭侯為兩佩與

兩裘 佩玉也 以如楚獻一佩一裘於

昭王〻〻服之以享蔡侯〻〻亦

服其一子常欲之弗與三年止之

唐成公如楚有兩肅爽馬子常欲

如字又所六反

成公唐惠侯之後

唐成公如楚有兩肅爽馬子常欲
之成公唐惠侯之後也肅爽駿馬名也弗與亦三年
止之唐人或相與謀請代先從者
許之飲先從者酒醉之竊馬而獻
之子常〻〻歸唐侯自拘於司敗
竊馬者自拘也曰君以弄馬之故隱君身
隱憂

自拘也曰君以弄馬之故隱君身
隱約也
弃國家羣臣請相夫人以償
馬必如之
相助也夫人謂養馬者
唐侯曰寡
人之過也二三子無辱皆賞之蔡
人聞之固請而獻佩于子常子常
朝見蔡侯之徒命有司曰蔡君之
言楚所以礼遣蔡

魯貢反　息亮反　亦樣注同　市亮反　供本

裘佩之從命不言曰蔡君之久也官不共也（言楚所以礼遣蔡侯之之物不共備故也）明日礼不畢將死（遣蔡侯之礼）蔡侯歸及漢執玉而沈曰余所有濟漢而南者有若大川（自誓言若復渡漢當受禍明如大川也）蔡侯如晉以其子元與其大

也

夫之子爲質焉而請伐楚爲明年會召陵張本也

經四年春王二月癸巳陳侯吳卒元傳

未同盟而赴以名也癸巳正月七日書二月從赴也

三月公會劉子晉侯宋公蔡侯衛侯陳子

鄭伯許男曹伯莒子邾子頓子胡

會劉子晉侯宋公蔡侯衛侯陳子
鄭伯許男曹伯莒子邾子頓子胡
子滕子薛伯杞伯小邾子齊國夏
于召陵侵楚於召陵先行會礼入楚竟故書侵也夏
四月庚辰蔡公孫姓帥師滅沈以
沈子嘉歸殺之五月公及諸侯盟
于召陵會劉子諸侯總言之

于臯鼬召陵會劉子諸侯摠言之也繁昌縣東南有城臯亭役稱公者會盟異處故也杞伯成卒于會傳六月葬陳惠公傳許遷于容城傳秋七月公至自會傳劉卷卒傳即劉蚠也劉子奉命出盟召陵死則天王為告同盟故不具爵也葬杞

王為告同盟故不具爵也
悼公傳楚人圍蔡不服故也晉士鞅衛
孔圉師師伐鮮虞無傳孔圉孔羈孫也士鞅即范
鞅也葬劉文公無傳冬十有一月庚午
蔡侯以吳子及楚人戰于柏舉楚
師敗績師能左右之曰以皆陳曰戰大崩曰敗績吳為蔡討
楚吳從蔡計謀故書蔡侯以吳子

…戰大崩曰敗績吳爲蔡討
楚吳從蔡計謀故書蔡侯以吳子
言能左右之也囊瓦稱人貪以致
敗不能死難罪賤之也柏舉楚地
也昭三十一年傳曰六年十二月
庚辰吳其入郢今以
十一月者并數閏也

楚囊瓦出奔鄭

書名惡之也

庚辰吳入郢

弗地曰入吳不稱子史略文也

傳四年春三月劉文公合諸侯于召

文也

傳四年春三月劉文公合諸侯于召陵謀伐楚也文公王官伯也晉人假王命以討楚之久留蔡侯故曰劉文公合諸侯也晉荀寅求貨於蔡侯弗得言於范獻子曰國家方危諸侯方貳將以襲敵不亦難乎

水潦方降疾瘧方起中山不服中山鮮虞也弃盟取怨無損於楚晉楚同盟伐之為取怨而失中山不如辭蔡侯吾自方城以來楚未可以得志晉敗楚侵方城在襄十六年也祗取勤焉乃辭蔡侯晉人

六年也

假羽旄於鄭〻人與之析羽為旌王者遊車之所建鄭私有之因謂之羽旄借觀之明日或旆以會或賤者也綴旄曰旆令賤人施其旆軌以從會示畢鄭也晉於是乎失諸侯傳言晉無礼所以遂弱也將會衛子行敬子言於靈公子行敬子衛大夫也曰會同難難得嘖有煩言莫之治

大　古本下文
〻祝〻〻
〻中〻〻
原冂

衛子行敬子言於靈　衛大夫也

曰會同難　難得嘖有煩言莫之治

也　嘖至也煩言忿争　其使祝佗從　祝佗大祝子魚

也

公曰善乃使子魚〻〻辭曰臣

展四體以率舊職猶懼不給而煩

刑書若又共二　共二職也　徼大罪也且

刑書若又共二職也徼大罪也臣

且夫祝社稷之常隸也隸賤臣也社稷不動

祝不出竟官之制也社稷動謂國遷也君

以軍行祓社釁鼓師出先有事祓禱於社謂之宜

社於是殺牲以血塗鼓鼙為釁鼓也祝奉以從奉社主也

於是乎出竟若嘉好之事謂朝會也君

……二千五……五百……

釁　許靳反
鼙　步西反　本亦作鞞

於是乎出竟〔境本〕若嘉好〔呼報反〕之事〔朝會也〕君
行師從〔二千五百人也〕卿行旅從〔五百人也〕臣
無事焉公曰行也及皐鼬〔將盟也〕將
長蔡於衛〔欲令蔡先衛歃也〕衛侯使祝佗
私於萇弘曰聞諸道路不知信否
若聞蔡將先衛信乎萇弘曰信蔡
叔康叔之兄也〔蔡叔周公兄也〕先

若聞蔡將先衛信乎萇弘曰信蔡
叔康叔之兄也蔡叔周公兄也康叔周公弟也先
衛不亦可乎子魚曰以先王觀之
則尚德也昔武王克商成王定之
選建明德以蕃屏周故周公相王
室以尹天下尹正也於周為睦睦親厚也
又盛德見

室以尹天下也於周為睦厚也
以盛德見分魯公以大路大旂
親厚也
伯禽也此大路金路錫同姓諸侯
車也交龍為旂周礼同姓以封
夏后氏之璜璜美玉封父之繁弱
名也
封父古諸侯也殷民六族條氏徐
繁弱大弓名也
氏蕭氏索氏長勺氏尾勺氏使帥
其宗氏輯其分族將其類醜衆

陪 大本亦作 倍円 步回反
共 古恭下文 以ー玉(?)職円

[illegible]
素各反下同　市灼反下同
其宗氏輯其分族將其類醜 醜衆也
以法則周公用即命于周 即就也 使六族
就周受周公之法制也
是以使之職事于魯
共 供本 魯公之職事也
以昭周公之明德 昭顯也
分之土田陪敦 陪增也 敦厚也
祝宗卜史
大祝宗人大卜[illegible]典策春

分之土田陪敦敦厚也祝宗卜史大祝宗人大卜大史凡四官也備物典策典策春秋之制也官司彝器官司百官也彝器常用器也因商奄之民商奄國名也與四國流言或逃散在魯皆令即屬魯懷柔之也命以伯禽伯禽周公世子時周公唯遣伯禽之國故皆以付伯禽也而封於少皞之虛少皞虛曲阜也在[illegible]康叔衛

伯禽也而封於少皞

虛曲阜也在也在魯城內分康叔康叔衛之祖也以大

路少帛綪茷旃旌少帛雜帛也綪茷大赤取染草

名也通帛為旃析羽為旌大呂鐘名也殷民七族

陶氏施氏繁氏錡氏樊氏饑氏終

葵氏封畛土略自武父以南及圃

田北竟畛涂所徑也略界也武

封畛土略自武父以南及圃
田之北竟畛塗所徑也略界也武父衛北界也圃田鄭藪
名也取於有閻之土以共王職有閻衛所受朝
宿邑也蓋近京畿也取於相土之東都以會
王之東蒐為湯沐邑王東巡狩以助祭泰山聃季
授土聃季周公弟司空也陶叔授民陶叔司徒也
康誥周書

授土弟司空也陶叔授民司徒也
命以康誥而封於殷虛康誥周書也殷虛朝
歌也皆啓以商政疆（居良反注及下同）以周索皆魯衛也啓開
也居殷故地因其風俗開用其
政也疆理土地以周法索法也分
唐叔唐叔晉之祖也以大路密須之鼓密須
國名也闕鞏甲名也（九勇反）沽洗鐘名息典反也懷姓九
懷姓唐之餘民九宗

也闕鞏也沽洗也懷姓九

宗職官五正懷姓唐之餘民九宗一姓為九族也職官五正五官之長

命以唐誥而封於夏虚唐誥〻命篇名也夏虚大夏令大原晉陽也亦因夏風俗開用其政也

啓以夏政

疆以戎索大原近戎而寒不與中國同故自以戎法也

三者皆叔也而有令德

戎法也

故昭之以分物不然文武成康之伯猶多而不獲是分也不尚年也管蔡啓商惎間王室惎毒也周公攝政管叔蔡叔開道紂子祿父以毒亂王室也王於是乎殺管叔而蔡蔡叔周公稱王命以討二叔也蔡放也以

與蔡叔車徒

叔而蔡〻叔二叔也蔡放也以
車七乘徒七十人與蔡叔車徒而放之也其
子蔡仲改行帥德周公舉之以為
己卿士為周公臣也見諸王而命之以
以蔡命之為蔡侯也其命書云王曰胡無
若爾考之違王命也胡蔡仲名也若之
何其使蔡先衛也武王之母弟八人

何其使蔡先衛也武王之母弟八

人周公爲太宰康叔爲司寇聃季

爲司空五叔無官豈尚年哉五叔管叔

鮮蔡叔度成叔武

霍叔處毛叔聃也　曹文之昭也

晉武之穆也　文王武王

子與周公異母也　子也　曹爲

異母也

伯甸非尚年也以伯爵居甸服言不也今將尚之是反先王也晉文公為踐土之盟衛成公不在夷叔其母弟也猶先蔡踐土召陵二會經書蔡在衛上霸主以國大小為序也子魚所言盟軏之次也其載書云王若曰晉重文公魯申僖公衛武叔武蔡

宋王臣本或作壬如林反

軌之次也其載書云王若曰

晉重直龍反文公也魯申僖公也衛武叔武也蔡

甲午莊侯也鄭捷左接反文公也齊潘普安反昭公也宋

王臣成公也莒期茲丕普悲反公也齊序鄭

下周之宗盟異姓

為後也藏在周府可覆視也吾子欲

復文武之略略道也而不正其德將

如之何……公說告劉子與范獻子……

臨力鴆反

如之何萇弘説告劉子與范獻子
謀之乃長衛侯於盟反自召陵鄭
子大叔未至而卒晉趙簡子為之
臨甚哀曰黄父之會在昭二十五年也夫
子語我九言曰無始亂無怙富無
恃寵無違同無敖禮無驕能以能

子語我九言曰無始亂無怙富無

恃寵無違同無敖禮無驕能以能驕人

也無復怒復重也無謀非德非所謀也無

犯非義傳言簡子能用善言所以遂興也沈人不

會于召陵晉人使蔡伐之夏蔡滅

沈秋楚為沈故圍蔡伍員為吳行

在昭二

沈秋楚為沈故圍蔡伍員為吳行
人以謀楚〻之殺郤宛也在昭二十七年
伯氏之族出郤宛黨也伯州犂之孫嚭
為吳大宰以謀楚〻自昭王即位
無歲不有吳師蔡侯因之以其子
乾與其大夫之子為質於吳冬蔡
……唐侯不書兵……

乾與其大夫之子為質於吳冬蔡

侯吳子唐侯伐楚唐侯不書兵屬於吳蔡也舍

舟于淮汭吳乘舟從淮來過蔡而舍之自豫章

與楚夾漢豫章漢東江北地名也左司馬戌

謂子常曰子沿漢而與之上下沿緣

也緣漢上下遮使使勿度我悉方城外以毀其

遮使使勿茂我悉方城外以毀其
舟以方城外人毀吳所舍舟之還塞大隧直轅
冥阨三者漢東之隘道也子濟漢而伐之我
自後擊之必大敗之既謀而行武
城黑謂子常黑楚武城大夫也曰吳用木
也我用革也用軍器不可久也不如
速戰史皇謂子常楚人惡子而好子

也我用革也器不可久也不如

速戰史皇謂子常楚人惡子而好

司馬史皇楚大夫也司馬沈尹戌若司馬毀吳

舟于淮塞城口而入城口三隘道之惣名也

是獨克吳也子必速戰不然不免

乃濟漢而陳自小別至于大別禹貢

漢水至大別南入江然

乃濟漢而陳自小別至于大別
漢水至大別南入江然
則此二別在江夏界也三戰子常
知不可欲奔知吳不可勝也史皇曰安求
其事求知政事也難而逃之將何所入
子必死之初罪必盡說言致死以克吳可以
免貪賄致寇之罪也十一月庚午二師陳于
經所以書戰也

寇之罪也

柏舉經所以書戰也二師呉楚師也闔廬之弟夫

槩王晨請於闔廬曰楚瓦不仁瓦子常若也

其臣莫有死志先伐之其卒

必奔而後大師繼之必克弗許夫

槩王曰所謂臣義而行不待命者

其此之謂也今日我死楚可入也

槩王曰所謂臣義而行不待命者
其此之謂也今日我死楚可入也
以其屬五千先擊子常之卒〻〻
〻〻奔楚師乱呉師大敗之子常
奔鄭史皇以其乗廣死 繩證反 古曠反 死 以戰 呉從
楚師及清發 清發 水名 將擊之夫槩王

楚師及清發水名將擊之夫

曰困獸猶鬬況人乎若知不免而

致死必敗我若使先濟者知免後者

慕之蔑有鬬心矣半濟而後可擊

也從之又敗之楚人為食吳人及

之奔食而從之敗諸雍澨五戰及

奔食者走不

郢奔食ゝ者走不
陳敬不在戰穀巳卯楚子取其
妹季羋畀我以出涉雎雎水出新
城昌魏縣
東南至枝江縣入
江是楚王西走也鍼尹固與王同
舟王使執燧象以奔吳師燒火燧
繫象尾
使赴吳師
驚却之庚辰吳入郢以班處宮

鶩却之庚辰吳入郢以班處宮
以尊卑班次處
楚王宮室也
子山處令尹之宮
子山吳
王子也
夫槩王欲攻之懼而去之
夫槩王入之
入令尹宮也言吳無
禮所以不能遂克
左司馬戌及息而還
息汝南新息
也闕楚敗故
還敗吳師于雍澨傷
司馬先敗吳
師而身被創
也
初司馬臣闔廬故恥爲禽焉
司

也[illegible]師而身被創

也初司馬臣闔廬故恥為禽焉司馬嘗在吳為闔廬臣是以今恥於見禽

謂其臣曰誰能免吾首吳句卑曰臣賤可乎司馬曰我實失子可哉失不知子賢也三戰皆傷曰吾不可用也已句卑布裳剄

傳曰吾不可用也已句卑布裳剄而裹之司馬已死剄取其首也藏其身而以其首免傳言司馬之忠壯也楚子涉雎濟江入于雲中入雲夢澤中所謂江南之夢也王寢盜攻之以戈擊王王孫由于以背受之中肩王奔鄖鍾建負季羋以從

之中肩王奔鄖鍾建負季羋以從

鍾建楚大夫也由于徐蘇而從以背受戈故當時悶絕也

鄖公辛之弟懷將弒王曰平王殺吾父我殺其子不亦可乎辛蔓成然之子鬪辛也昭十四年楚平王殺成然也

辛曰君討臣誰敢讎之君命天也若死天命將

誰敢讎之君命天也若死天命將
誰讎詩曰柔亦不茹剛亦不吐不
侮矜寡不畏彊禦唯仁者能之詩大
雅言仲山甫不辟彊陵弱也違彊陵弱非勇也
乘人之約非仁也滅宗廢祀非孝
也弑君罪應滅宗也動無令名非知也必

也賊宗也[illegible]
此是余將殺女鬬辛與其弟巢以
王奔隨呉人從之謂隨人曰周之
子孫在漢川者楚實盡之天誘其
衷致罰於楚而君又竄之竄匿也周
室何罪君若顧報周室施及寡人
將[illegible]

室何罪君若顧報周室施及寡人以獎天衷獎成也君之惠也漢陽之田君實有之楚子在公宮之北隨公宮也吳人在其南子期似王子期昭王兄公子結也逃王而已為王曰以我與之王必免隨人卜與之不吉乃辭吳

王必免隨人卜與之不吉乃辭吳

曰以隨之辟小而密邇於楚〻實

存之世有盟誓至于今未改若難

而棄之何以事君執事之患不唯

一人[一人楚王也]若鳩楚竟敢不聽命

吳人乃退[鳩安集也]鑢金初宦於子期

（匹亦反）（乃旦反）（本又作鑢金若作鑪是也）

見　賢遍反　下注敢見皆同

[illegible]集也鑪[illegible]

大十又反　鑪金若之屬是也

氏實與隨人要言　要言無以楚王與吳并欲脫子

期也　王使見　王善其意欲引見之以比王臣且欲使盟隨人

也　辭曰不敢以約為利　此約謂要言也此一

如字又於妙反

時之事非為德舉故辭不敢見亦不肯為盟主也　王割子

期之心以與隨人盟　當心前割取血以盟示其

至心　[illegible]包胥楚

取之心以與隨人盟血以盟示其至心也初伍員與申包胥交包胥楚大夫也其亡也謂申包胥曰我必復楚國復報也申包胥曰勉之子能復之我必能興之及昭王在隨申包胥如秦乞師曰吳為封豕長蛇以荐食

荐數也言吳貪

秦乞師曰吳爲封豕長蛇以荐食
上國荐數也言吳貪害如蛇豕也虐始於楚寡
君失守社稷越在草莽使下臣告
急曰夷德無厭若鄰於君疆埸之
患也吳有楚則與秦鄰也逮吳之未定君其
取分焉與吳共分楚地也若楚之遂亡君

取分焉楚地也若楚之遂亡君
之土也若以君靈撫之世以事君
撫存恤也秦伯使辭焉曰寡人聞命矣
子姑就館將圖而告對曰寡君越
在草莽未獲所伏伏猶處也下臣何敢
即安立依於庭牆而哭日夜不絕
聲勺飲不入口七日秦哀公為之

聲勺飲不入口七日秦哀公為之

賦無衣詩秦風也取其王于興師脩我戈矛與子同仇與子偕作與子偕行也

九頓首而坐無衣三章章三頓首也

秦師乃出為明年包胥以秦師至張本也

經五年春王三月辛亥朔日有食之

經五年春王三月辛亥朔日有食之
無傳
夏歸粟于蔡　蔡為楚所圍飢乏故魯歸之粟也
於越入吳　於發聲也　六月丙申季孫意
如卒秋七月壬子叔孫不敢卒　無傳
冬晉士鞅帥師圍鮮虞
傳五年春王人殺子朝于楚　因楚乱也　終閔
馬父之

也終閔

馬文之言也夏歸粟于蔡以周亟矜無

資亟急也越入吳〻在楚也六月季

平子行東野東野季氏邑也還未至丙申

璵本又作與 餘
璠方煩反 又方煩反

卒于房陽虎將以璵璠斂璵璠美玉君所

佩也仲梁懷弗與懷亦季氏家臣也曰改步

改玉昭公之出季孫行君事佩璵

也　家臣也
改玉　昭公之出季孫行君事佩璵
璠祭宗廟今定公立復臣位
改君步則亦當去璵璠也　陽虎欲逐之告公山
不狃公山不狃曰彼為君也子何
怨焉　不狃季氏臣費宰子洩　既葬
也為君不欲使僭也
桓子行東野　桓子意如子　及費子
季孫斯也

季孫斯也

洩為費宰逆勞於郊桓子敬之勞

仲梁懷仲梁懷弗敬懷時從桓子行輕慢子洩也

子洩怒謂陽虎子行之乎行逐懷也為下陽虎囚桓子起也

申包胥以秦師至秦子

蒲子虎帥車五百乘以救楚五百乘三萬七千五

道

乘三
萬七千五百人也子蒲曰吾未知吳道道猶
法術也使楚人先與吳人戰而自稷
會之大敗夫槩王于沂稷沂皆楚地也吳
人獲薳射於柏舉薳射楚大夫也其子帥
奔徒奔徒楚散卒也以從子西敗吳師於
軍祥楚地秋七月子期子蒲滅唐

奔徒散卒也[illegible]

軍祥楚地也　秋七月子期子蒲滅唐

從吳伐楚故也　九月夫槩王歸自立也以

與王戰而敗　自立為吳王號夫槩也　奔楚為

堂谿氏　傳終言之也　吳師敗楚師于雍

澨秦師又敗吳師吳師居麇　麇地名也

澨秦師又敗吳師吳師居麇九倫反下同若也
子期將焚之子西曰父兄親暴骨
焉不能收又焚之不可長丈反前年楚人與吳戰多死麇中言不可幷焚也
子期曰國亡矣死者若有知也可以歆許金反舊祀言焚吳猶楚則祭祀不廢也
豈憚焚之〻〻而又戰吳師
敗又戰于公壻之谿楚地吳師

豈憚焚之ヽヽ而又戰吳師
也
敗又戰于公壻之谿楚地名也吳師大
敗吳子乃歸囚闉輿罷ヽヽ請
先遂逃歸輿罷楚大夫也請先至吳而逃歸言吳唯得楚
一大夫復失之所以不克也葉公諸梁之弟后
臧從其母於吳不待而歸諸梁司馬沈尹
戌之子葉公子高也吳入楚獲

[illegible]馬沈尹

戌之子葉公子高也吳入楚獲

后臧之母楚定臧弃母而歸也

葉公終不正視

不義之

乙亥陽虎囚季

桓子及公父文伯

文伯季桓子從父昆弟也陽虎

欲為乱怨二子不從故因之也

而逐仲梁懷冬十

藐亡角反一方弥反

月丁亥殺公何藐

藐季氏族也

己丑盟

魯南城

月丁亥殺公何藐族也上元己丑盟
桓子于稷門之内魯南城門也上元庚寅大
詛逐公父歜及秦遄皆奔齊歜即文伯
也秦遄平子姑壻也傳言季氏之乱也上元楚子入于郢
吳師已歸也上元初鬭辛聞吳人之爭宮也
曰吾聞之不讓則不和ゝゝ不可

曰吾聞之不讓則不和不可
以遠征吳爭於楚必有乱〻〻則
必歸焉能定楚王之奔隨也將涉
於成臼　江夏竟陵縣西有臼水
出聊屈山西南入漢也　藍
尹亹涉其帑　亹楚大夫也　不與王舟及
寧王欲殺之　寧安定也　子西曰子常唯

寧王欲殺之定也

思舊怨以敗君何效焉王曰善使

復其所吾以志前惡惡過也王賞鬭

辛王孫由于王孫圉鍾建鬭巢申

包胥王孫賈宋木鬭懷九子皆從王有大功

者也子西曰請舍懷也以初謀弑王也王曰

也　曰　言　也　秋　王　也　曰

大德滅小怨道也終從其兄免王大難是大德也

申包胥曰吾為君也非為身也君

既定矣又何求且吾尤子旗其又

為諸子旗蔓成然也以有德於平王求欲無厭平王殺之在昭十四年

遂逃賞王將嫁季芊〻〻辭

年遂逃賞王將嫁季芈季芈辭

曰所以為女子遠丈夫也鍾建負

我矣以妻鍾建以為樂尹司樂大夫也

王之在隨也子西為王輿服以保

路國于脾洩脾洩楚邑也失王恐國人潰散故偽為王車服立國脾洩以保安道路人也聞王所在而後

於麇築

保安道路人也　門[illegible]

從王之使由于城麇於麇築城也復命

子西問高厚焉弗知子西曰

不能如辭言自知不能當辭勿行也城不知高

厚小大何知對曰固辭不能子使

余也人各有能有不能也王遇盜

余也人各有能有不能也王遇盜
於雲中余受其戈其所猶在袒而
示之背曰此余所能也脾洩之事
余亦弗能也傳言昭王所以復國有賢臣也晉士
鞅圍鮮虞報觀虎之敗也三年鮮虞獲晉觀虎也

也

經六年春王正月癸亥鄭游速帥師滅許以許男斯歸游速大叔子也二月公侵鄭公至自侵鄭無傳夏季孫斯仲孫何忌如晉秋晉人執宋行人樂祁犂稱行人言非其罪也冬城中城無傳公為晉侵鄭故懼而

社稷非其罪也冬城中城為晉侵
鄭故懼而城之也
季孫斯仲孫忌帥師圍
鄆無傳何忌不言何史闕文
也鄆貳於齊故圍之也

傳

六年春鄭滅許因楚敗也二月公
侵鄭取匡為晉討鄭之伐胥靡也
胥靡周地也周儋翩因鄭人以作
乱鄭為之伐胥靡故晉使魯討之
也匡鄭地也取匡

乱鄭爲之伐胥靡故晉使晉討之
也匡鄭地也取匡往不假道於衛
不書歸之晉也
及還陽虎使季孟自南門入出自
東門 陽虎將逐三桓欲使得罪於鄰國也 舍於豚澤
衛侯怒使彌子瑕追之 彌子瑕衛嬖大夫也
公叔文子老矣 文子公叔發也 輦而如公

公叔文子老矣叔發也輦而如公
曰尤人而效之非禮也昭公之難
君將以文之舒鼎衛文公之鼎也成之昭兆寶龜也定之鞶鑑鞶帶而以鏡為飾也今西方羌胡猶然古之貴服也苟可以納之擇用一焉
公子與二三臣之子諸侯苟憂之
將以為之質為質求納

公子與二三臣之子諸侯苟憂之
將以為之質為質求納魯昭公也此羣臣之
所聞也今將以小忿蒙舊德蒙覆也
無乃不可乎大姒之子大姒文王妃也唯
周公康叔為相睦也而效小人以
棄之不亦誣乎天將多陽虎之罪
以斃之君姑待之

以斃之君姑待之若何乃止止不伐魯師也

夏季桓子如晉獻鄭俘也獻此春取匡之俘也

陽虎強使孟懿子往報夫人之幣虎欲困辱三桓并求媚於晉故強使正卿報晉夫人之聘也

晉人兼享之賤魯故不復兩設礼明經所以不備書

書

孟孫立于房外謂范獻子曰陽

虎若不能居魯而息肩於晉所不

以爲中軍司馬者有如先君稱先君以徵其言若欲使晉必厚待之

獻子曰寡君有官

將使其人懼得其人也鞅何知焉獻子

謂簡子曰魯人患陽虎矣孟孫知

其釁以為必適晉故強為之請以

取入焉欲令晉人聞虎當逃走故佯設請託之辭因此言以

入晉令晉素知之也四月己丑吳大子終纍

敗楚舟師終纍闔廬子夫差兄舟師水戰也獲潘

二子楚舟

惟位悲反本又作帷亦如字

敗楚舟師舟師水戰也獲潘
子臣小惟子二子楚舟師之帥也及大夫七
人楚國大惕懼亡子期又以陵師
敗于繁揚陵師陸軍也令尹子西喜曰
乃今可為矣言知懼而後可治也於是乎遷
郢於鄀而改紀其政以定楚國
楚頼子西

郢於鄀而改紀其政以定楚國言楚頼子西以安也

周儋翩率王子朝之徒因鄭人將以作乱于周儋翩子朝餘黨也

鄭於是乎伐馮滑胥靡負黍狐人闕外鄭伐周六邑在魯伐鄭取匡前於此見（賢遍反下文同并注）者為（于偽反下同）戍周起也陽城縣西南有負黍亭

六月晉閻沒戍周且城

有負黍亭六月晉閻沒戍周且城
胥靡為下天王出居姑蕕起也秋八月宋樂祁
言於景公曰諸侯唯我事晉今使
不往晉其憾矣樂祁告其宰陳寅
以與公言告之也陳寅曰必使子往他日
公謂樂祁曰唯寡人說子之言子
必往陳寅曰子立後而行吾室亦

公謂樂祁曰唯寡人説子之言子
必往陳寅曰子立後而行吾室亦
不亡寅知晉政多門往必有難（乃旦反下文同）故使樂祁立後而行也唯
君亦以我為知難而行也見溷（侯温反又侯困反）而
行溷樂祁子也見於君立以為後也趙簡子逆而
飲（於鴆反）之酒於緜上獻楊楯（食允反又古允）六十於簡

飲之酒於綿上獻楊楯六十於簡
子【楊木名也】陳寅曰昔吾主范氏今子
主趙氏又有納焉以楊楯賈禍弗
可為也已【知范氏必敗將得禍也】然子死晉
國子孫必得志於宋【以其為國死也】范獻
子言於晉侯曰以君命越疆而使

子言於晉侯曰以君命越疆而使
未致使而私飲酒不敬二君不可
不討也乃執樂祁獻子怒祁比趙氏也經所以稱行人也
陽虎又盟公及三桓於周社
盟國人于亳社詛于五父之衢
傳言三桓微陪臣專政為八年陽虎作亂起也
冬十二月天
姑蕕周

八年陽虎作乱赴也
王處于姑蕕姑蕕周辟儋翩之乱
也爲明年單劉逆王起也
姑蕕二字
經七年春王正月夏四月秋齊侯鄭
伯盟于鹹衛地齊人執衛行人北
宮結以侵衛稱行人非使人之罪也齊侯衛
侯盟于沙結叛晉也陽平元
人

又如字又

……衛人之罪也 十九 齊侯衛

侯盟于沙 沙如字又星和反 結叛晉也陽平元城縣東南有沙亭 大雩

無傳過也 齊國夏帥師伐我西鄙 夏國佐孫

九月大雩 無傳過也 冬十月

傳七年春二月周儋翩入于儀栗以

叛 儀栗周邑也 十九 齊人歸鄆陽關陽虎居

……鄆陽關皆魯邑……

半邑也[illegible]
之以為政鄆陽關皆魯邑也中貳
於齊之今歸之不書晁
専之夏四月單武公穆公劉桓公
也子也
文公敗尹氏于窮谷尹氏徒黨儋
子也翩共為乱也
秋齊侯鄭伯盟于鹹徵會于衛徵
召
也衛侯欲叛晉屬齊諸大夫不可
鄭也
使北宮結如齊而私於齊侯曰執

衛侯欲叛晉（鄭也）諸大夫不可

使北宮結如齊而私於齊侯曰執結

以侵我（欲以齊師懼諸大夫也 十九）齊侯從之

乃盟于瑣（瑣即沙也為明年涉佗捘衛侯手起也 十九）（徒何反）（子對反）

齊國夏伐我（齊叛晉故也 十九）陽虎御季桓子公

斂（力檢反又力廉反或力驗反）處父御孟懿子（處父孟氏家臣成宰公斂陽也 十九）

斂處父御孟懿子成宰公斂陽也
將宵軍齊師〻〻聞之墮伏而待
之隋毀其軍以誘敵而設伏兵也處父曰虎不圖
禍而必死而女也苫夷曰虎陷二子
於難苫夷季氏家臣二子季孟也不待有司余
必殺女虎懼乃還不敗傳言陪臣強能自相
制之季孟不

以齊大國為之援強能自相制季孟不敢有心也冬十一月戊午單子劉子逆王于慶氏慶氏守姑蕕大夫也晉籍秦送王己巳王入于王城己巳十二月五日有月無日也館于公族黨氏黨氏周大夫也而後朝于莊宮莊王廟也

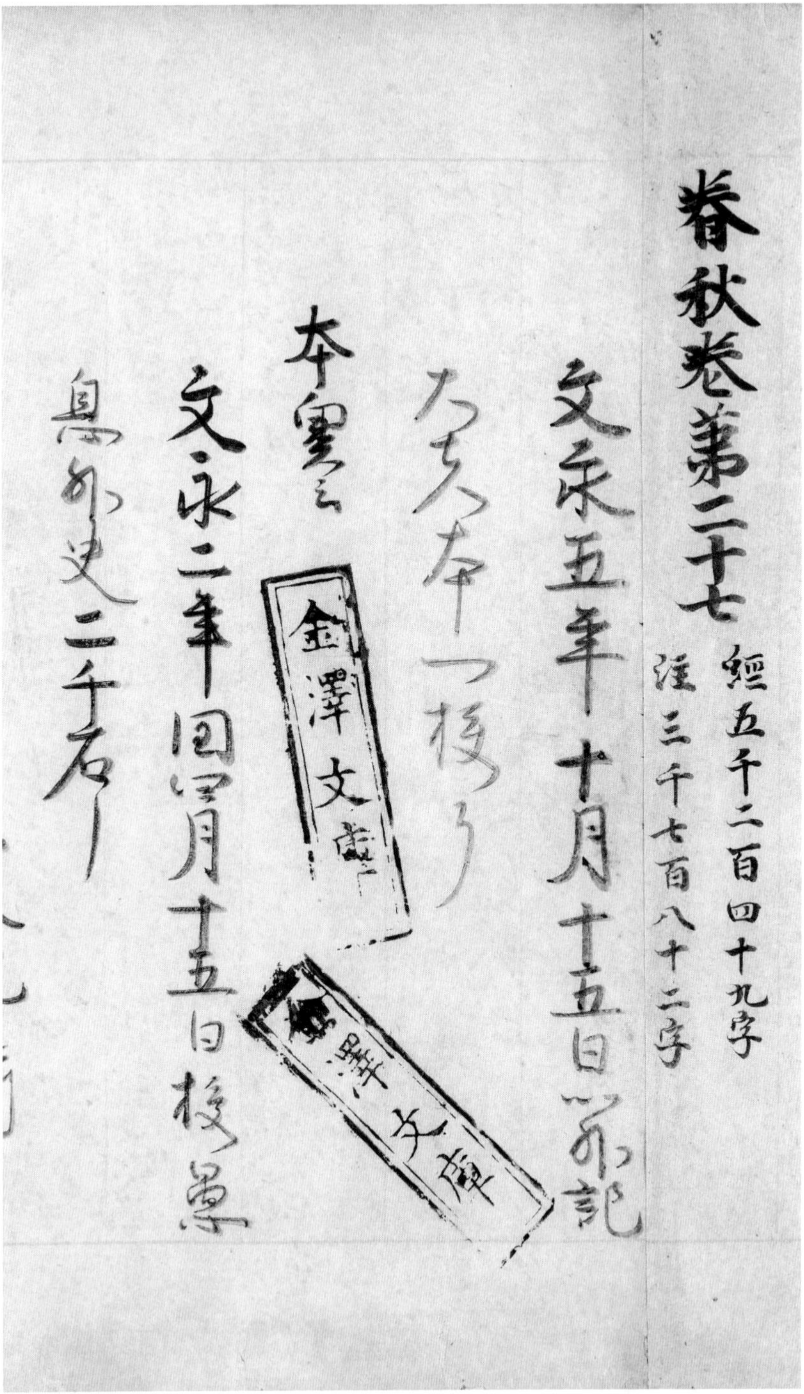
春秋卷第二十七　經五千二百四十九字　注三千七百八十二字
文永五年十月十五日所記
大夫本ヲ校了
本云
文永二年閏四月十五日校畢
越州史二千石

奥ノ文云右
大外記 在判

余家書同前

文永六年九月十五日以家秘説
奉授越後次郎尊閤畢

音博士清原（花押）

應永十六年己丑孟秋初三日一覧畢

桐之山畠酔〻醒〻悍〻王　雲羽（花押）

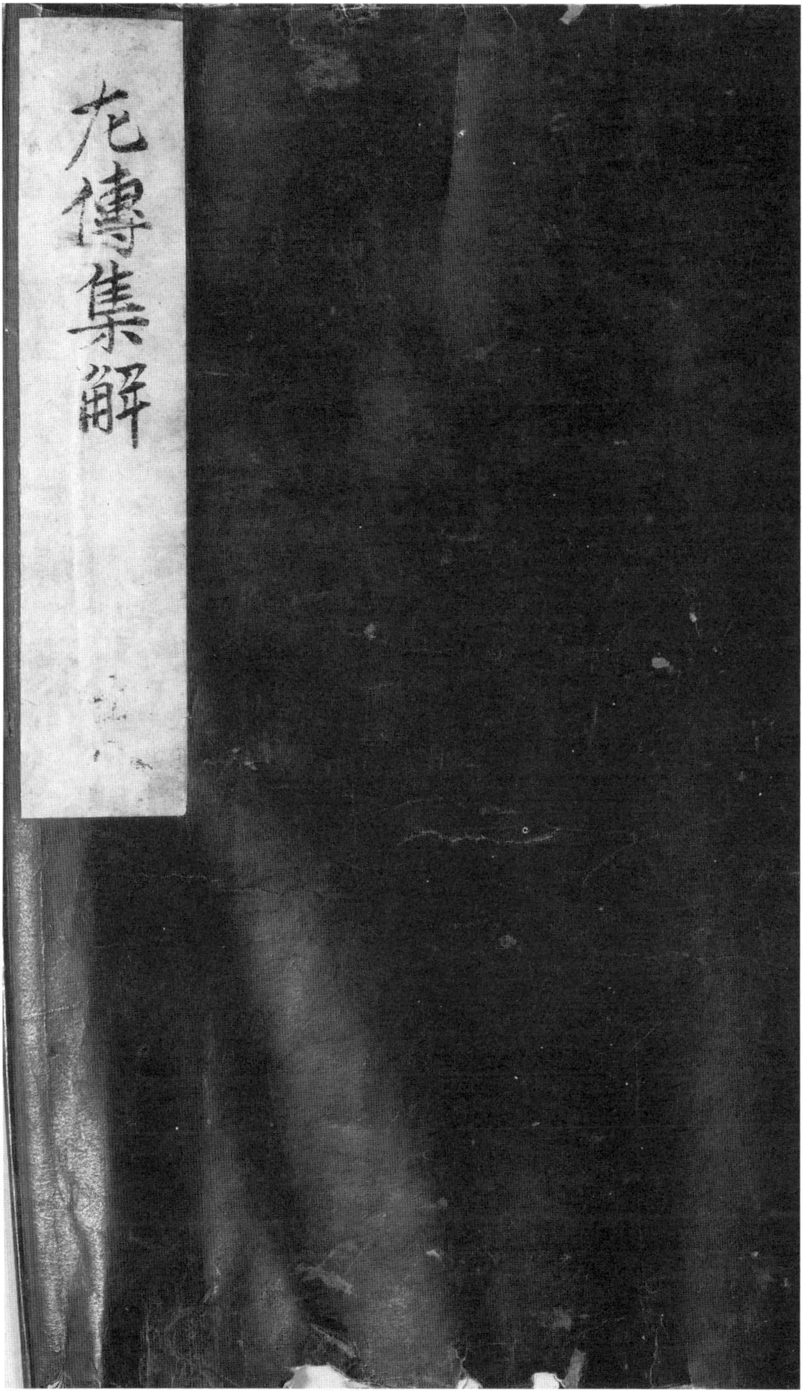
左傳集解

春秋經傳集解定下第二十八　杜氏　盡十五年

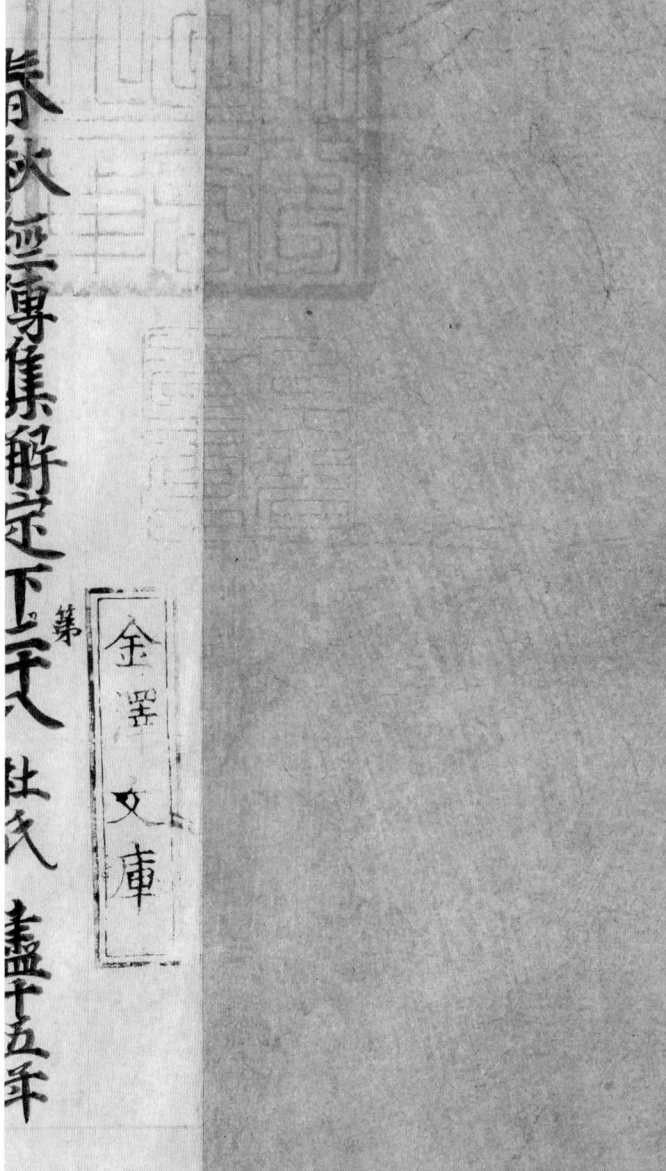

春秋經傳集解定下第二十八　杜氏　盡十五年



經八年春王正月公侵齊報前年伐我西鄙也

公至自侵齊無傳

二月公侵齊未得志故也

三月公至自侵齊無傳

曹伯露卒無傳四年盟皐鼬也

夏齊國夏帥師伐我西

户雅反　年末注同

盟皐鼬也

鄟公會晉師于瓦　瓦衛地也將來救魯公逆會之也東郡燕縣東北有瓦亭也　公至自瓦　無傳　秋七

柳力久反　本或作柳

月戊辰陳侯柳卒　無傳四年盟皐鼬　晉士

鞅帥師侵鄭遂侵衛　兩事故曰遂　葬曹

靖公　無傳　九月葬陳懷公　無傳三月而葬速也

於公傳大[illegible][illegible]門也[illegible]而葬遠也
季孫斯仲孫何忌帥師侵衛冬衛
侯鄭伯盟于曲濮無傳結叛晉曲濮衛地從
祀先公從順也先公閔公僖公也將正二公之位次所順非
一親盡故通盜竊寶玉大弓盜謂陽虎
言充公也
也家臣賤名氏不見故曰盜寶玉
夏后氏之璜也大弓封父之繁弱
之

夏后氏之璜也大弓封父之繁弱
也

傳八年春王正月公侵齊門于陽州攻其門士皆坐列言無闘志也曰顔高之
弓六鈞顔高魯人也三十斤為鈞六鈞百八十斤也古稱重故以為異彊也皆取而傳觀之陽州人出
顔高奪人弱弓籍丘子鉏擊之與

斃死 婢世反 顏高一人俱爲子鉏所擊而仆
殪 於計反 言顏高雖爲子鉏所擊 偃仆且射子鉏 頰而死 言其善射也
餘父云 偃且一讀 且子余反 入姓名又檢 世於讀無此

與彄 其丈反 也

顏高奪人弱弓籍丘子鉏擊之與

一人俱斃 子鉏魯人 偃且射子鉏

中頰殪 子鉏 死也 顏息射人中眉 顏息魯人

退曰我無勇吾志其目也 以自矜也 師

退冉猛僞傷足而先 猛魯人欲其先歸也

會見師退而

餘及云偃人姓名又檢世於講無此人請者非也

退冉猛偽傷足而先先歸也其
兄會乃呼曰猛也殿丁電反注同會見師退而
猛不在列乃
大呼詐言猛在後為殿
也傳言魯無軍政也二月己丑
單子伐穀城劉子伐儀栗討儋翩
之黨也
穀城在河
南縣西也辛卯單子伐簡城劉子
傳終王室
伐盂以定王室之亂也趙鞅言

伐盂以定王室之乱也　趙鞅言
於晉侯曰諸侯唯宋事晉好逆其
使猶懼不至今又執之是絕諸侯
也將歸樂祁士鞅曰三年止之無
故而歸之宋必叛晉執樂祁在六年獻子
私謂子梁獻子范鞅也子梁樂祁也曰寡君懼

祁言之吳子梁欒祁也曰寡君懼
不得事宋君是以止子ヽ姑使溷
代子溷欒祁子梁以告陳寅陳寅曰
宋將叛晉是弃溷也不如待之留待
自代也
分以子欒祁歸卒于大行大行晉東南山
也
士鞅曰宋必叛不如止其尸以

衝昌容反　說文作䡴　陷陣車也

士鞅曰宋以叛不如止其尸以
求成焉乃止諸州　州晉地也為明年宋公使樂大
心如晉張本也　公侵齊攻廩丘之郛　郛郭也
主人焚衝　衝戰車也　或濡馬褐以救之
馬褐馬衣也　遂毀之　毀郛也　主人出師奔
攻郛人少故遣後師走往助之也　陽虎偽不見冉
陽州之役

師走往助之也
猛者曰猛在此者必敗陽州之役猛先歸言
若在此必役敗也猛遂之顧而無繼僞顛逐麇血人也
虎曰盡容氣也言皆容氣非勇也
苫越生子將待事而名之苫越苫夷也
陽州之役獲焉名之曰陽州欲自比僑
如

陽州之役獲焉名之曰陽州比僑

如也夏四月齊國夏高張伐我西鄙

報上二侵也晉士鞅趙鞅荀寅救我

救不書齊師已去未入竟也

公會晉師于瓦范獻子執羔趙簡子中行文子皆執鴈魯於是始尚羔

獻子士鞅也簡子趙鞅也中行文子荀寅也

礼卿執羔大夫執鴈魯則同之

於女也歎也中行文子荀寅也礼卿執羔大夫執鴈魯則同之今始知執羔之尊也卿不書礼不敵公史略之也晉師將盟衛侯于鄟澤鄟市轉反又市兗反專音自還就衛地盟也趙簡子曰羣臣誰敢盟衛君者前年衛叛晉屬齊簡子意欲摧辱之也涉佗佗徒何反成何曰我能盟之二子晉大夫也衛人請執盟礼尊者位牛耳主次盟者

何曰我能盟之大夫也衛人請執
牛耳盟禮尊者涖牛耳主次盟者
也衛侯與晉大夫盟自以當
涖牛耳成何曰衛吾温原也焉得
故請之
視諸侯言衛小可比晉縣將歃涉
不得從諸侯禮也
佗捘衛侯之手及捥捘擠也血
至捥也
侯怒王孫賈趨進賈衛大
夫也曰盟以
禮也信猶有如衛君其敢不唯

信礼也（信猶明也）有如衛君其敢不唯

礼是事而受此盟也（言晉無礼不欲受其盟也）

衛侯欲叛晉而患諸大夫王孫賈

使次于郊大夫問故（問不入故也）公以

晉詬（呼豆反）語（魚據反）之（詬恥也）且曰寡人辱社稷

其改卜嗣寡人從焉使改卜他公子以嗣先君
我從大夫所立也大夫曰是衞之禍豈君之過也公曰又有患焉謂寡人必以而子與大夫之子爲質爲質於晉也
大夫曰苟有益也公子則往羣臣

大夫曰苟有益也公子則往羣臣
之子敢不皆負羈絏以從將行王孫
賈曰苟衛國有難工商未嘗不為
患使皆行而後可欲以激怒國人也公以
告大夫乃皆將行之行有日有期日也
公朝國人使賈問焉曰若衛叛晉

公朝國人使賈問焉曰若衛叛晉
晉五伐我病何如矣皆曰五伐我
猶可以能戰賈曰然則如叛之病
而後質焉何遲之有乃叛晉〻人
請改盟弗許秋晉士鞅會成桓公
侵鄭圍蟲牢報伊闕也桓公周卿士也不書
盟鄭不親侵也六年鄭　時

侵鄭圍蟲牢報伊闕也士也不書監帥不親侵也六年鄭伐周闕外晉為周報之遂侵衛討叛也九月師侵衛晉故也魯為晉討衛也季寤季桓子之弟公鉏極公彌曾孫桓子族子也公山不狃費宰也皆不得志於季氏叔孫輒無寵於叔孫氏輒叔孫氏之庶子也叔仲志叔孫中帶之

孫輒無寵於叔孫氏之庶子也叔

仲志不得志於魯志叔孫仲帶之孫也皆為國人

所薄也故五人因陽虎〻〻欲去三

桓以季寤更季氏代桓子也以叔孫輒

更叔孫氏代武叔也己更孟氏陽虎自代懿子

也冬十月順祀先公而祈焉將作大事

欲以順祀

冬十月順祀先公而祈焉大事欲以順祀取媚也

辛卯禘于僖公辛卯十月二日也不於大廟者順祀之義當退僖公懼於僖神故於僖廟行順祀也

壬辰將享季氏于蒲圃而殺之戒

都車曰癸巳至都邑之兵車也陽虎欲以壬辰夜殺季孫明日癸巳以都車攻二家也

成宰公斂處父

郕車攻二家也……

告孟孫曰季氏戒郕車何故孟孫

曰吾弗聞處父曰然則乱也必及

於子先備諸與孟孫以壬辰為期

處父期以兵救孟氏也　陽虎前驅

壬辰先癸巳一日也

林楚御桓子虞人以鈹盾夾之陽

越陽虎……

林楚御桓子虞人以鈹盾夾之陽

越殿越陽虎從弟也將如蒲圃桓子咋謂

林楚咋暫也曰而先皆季氏之良也

爾以是繼之欲使林楚免己於難以繼其先人之良也

對曰臣聞命後後猶晩也陽虎為政魯

國服焉違之徵死死無益於主

國服焉違之徵死死無益於主桓子曰何後之有而能以我適孟氏乎對曰不敢愛死懼不免主桓子曰往也言必往也孟氏選圉人之壯者三百人以為公期築室於門外實欲以備難不欲使人知故偽築室於門外因得聚衆公期孟氏支子也

門外因得聚衆公期孟氏支子也

林楚怒馬及衢而騁騁馳也陽越射

之不中築者闔門季孫既得入乃閉門也有

自門間射陽越殺之陽虎劫公與

武叔武叔〻孫不敢之子州仇也以伐孟氏公

斂處父帥成人自上東門入魯東城之

北

斂處父帥成人自上東門入城之
北門與陽氏戰于南門之內弗勝又
戰于棘下城內地名也陽氏敗陽虎說
太丈反税円
他活反
甲如公宮取寶玉大弓以出舍于
五父之衢寢而為食其徒曰追其
將至虎曰魯人聞余出喜於徵死
徵召之陽虎召季氏於

將至虎曰魯人聞余出喜於徵死
何暇追余徵召也陽虎召季氏於
蒲圃將欲殺之令得脫
咲喜故言
喜於召死從者曰嘻速駕公斂陽
在嘻懼聲公斂陽請追之孟孫弗許
畏陽虎也陽欲殺桓子欲因亂討季氏以強孟氏也
孟孫懼而歸之不敢殺子言辨舍爵
子言季寤之辨

孟孫懼而歸之　殺子言辨舍爵
於季氏之廟而出　子言季寤也辨猶周偏也偏告
廟飲酒示無懼也　陽虎入于讙陽關以叛
叛不書略家臣也　鄭駟歂嗣子大叔為政
駟歂駟乞子〻然也為明年殺鄧析張本

經九年春王正月戊申鄭伯

經九年春王正月夏四月戊申鄭伯蠆卒無傳四年盟皐鼬得寶玉大弓弓玉國之分器得之足以為榮失之足以為辱故重而書之也六月葬鄭獻公無傳三月而葬速也秋齊侯衛侯次于五氏五氏晉地也不書伐者諱伐盟主以次告也秦伯卒無傳不書名未同盟也冬葬秦哀公傳无

傳之未同盟也冬葬秦哀公傳

傳九年春宋公使樂大心盟于晉且逆樂祁之尸辭偽有疾乃使向巢如晉盟且逆子梁之尸巢向戌曾孫也子明謂桐門右師出子明樂祁之子溷也右師樂大心子明族父也右師往到子明舍子明逐出門去也曰吾猶衰絰而子擊鐘何也念其不逆

明舍子明逐出門去也　曰吾
猶衰絰而子擊鍾何也　忿其不送父喪曰責
其無同族　右師曰喪不在此故也
之恩也
既而告人曰己衰絰而生子余何
故舍鍾　己子明也　子明聞之怒言於公
曰右師將不利戴氏　樂氏戴公族也　不肯

曰右師將不利戴氏公族也不肯
適晉將作乱也不然無疾乃逐桐
門右師逐之在明年終叔孫昭子之言也鄭駟歂
殺鄧析而用其竹刑鄧析鄭大夫也欲改鄭所
鑄舊制不受君命而私造刑
法書之於竹簡故言竹刑也君子
謂子然於是不忠苟有可以加於

言之[illegible]方是不忘者不可[illegible]之方

國家者弃其邪可也 加猶益也弃不責其邪惡也

靜女之三章取彤管焉 詩邶風也言靜女三章之詩雖説美女義在彤管〻〻赤管筆女史記事規誨之所執也

竿旄何以告之取其忠也 詩鄘風也録竿旄詩者取其中心願告人以善道也言此二詩皆以一善見采

而鄙所不以[illegible]

善道也言此二詩皆以一善見采
而鄧析不以
一善存身也故用其道不弃其人
詩云蔽芾甘棠勿翦勿伐召伯所
茇詩召南也召伯決訟於蔽芾小
棠之下詩人思之不伐其樹也
茇草
舍也思其人猶愛其樹況用其道
而不恤其人乎子然無以勸能矣
傳言子然嗣大叔為

不恤其人乎子然無以勸能矣

傳言子然嗣大叔為政鄭所以衰弱也

夏陽虎歸寶玉大弓

无益遊用而秖為若故歸之

書曰得器用也凡獲器用曰得

器用者謂物之成器可為人用者也

得用焉曰獲

謂用器物以有獲若麟為田獲俘為戰獲也

六月伐陽關

討陽虎也

陽虎使

獲也……虎也

焚萊門陽關邑門也師驚犯之而出奔

齊請師以伐魯曰三加必取之三加兵於魯也

齊侯將許之鮑文子諫曰臣

嘗為隷於施氏矣施氏魯大夫也文子鮑國也成十七年齊人召而立之至今七十四歳於是文子蓋九十餘矣魯

十四歳於是文子蓋九十餘矣
未可取也上下猶和衆庶猶睦能
事大國大國晉也而無天菑若之何取
之陽虎欲勤齊師也齊師罷大臣
必多死亡已於是乎奮其詐謀夫
陽虎有寵於季氏而將殺季孫以
不利魯國而求容焉

陽虎有寵於季氏而將殺季孫以
不利魯國而求容焉求自容也親富不
親仁君焉用之君富於季氏而大
傾本文作須方傾
於魯國茲陽虎所欲傾覆也魯免
其疾而君又收之無乃害乎齊侯
執陽虎將東之陽虎願東陽虎欲西奔晉
知齊必反己故求

執陽虎將東之陽虎願東 西奔晉

知齊必反已故詐以東為願也 乃囚諸西鄙盡

借邑人之車鍥其軸麻約而（岩結反）

歸之 鍥刻也欲絕追者也 載蔥靈寢於其中

而逃 蔥靈輜車名也（輜側其反說文云衣車也）（蔥初江反或作忽） 追而得之囚於齊又

以蔥靈逃奔宋遂奔晉適趙氏仲

受乱人

[illegible]

尼曰趙氏其世有乱乎受乱人故也秋

齊侯伐晉夷儀爲衛討也敝無存之父

將室之辭以與其弟無存齊人也室之爲取婦

曰此役也不死反必娶於高國高氏

國氏齊貴族也無存欲必先登求

有功還取卿相之女也

[illegible]旡入城夷儀人

有功還取那相之女也[illegible]

自門出死於霤下既入城夷儀人不服故鬭死於門屋霤下也東郭書讓登登城非人所樂故讓衆使後而已先登也犂彌從之曰子讓而左我讓而右使登者絕而後下恐書先下故又譎以讓之也下入城也書左彌先下書從彌言左行彌遂自先下書與王猛戰訖共

靳　居覲反　太平或作如驂之有靳非也

下入城也　書左　言左行
彌遂自先下　書與王猛息　戰訖共
亦讓也　止息也
猛曰我先登書斂甲曰曩者之難　乃黨反鄉也　乃旦反
今又難焉　斂甲起欲擊猛　猛笑曰吾從子
如驂　七南反騑馬也　之有靳　靳車中馬也猛不敢與書爭言已從書如
驂馬之隨靳也傳言　—闕之—又如字
齊師和所以能克也　晉車千乘在　繩證反
救夷儀也今熒陽有

齊師和所以能克也
中牟救夷儀也今熒陽有衛侯將
中牟縣迴遠疑非也
如五氏齊侯在五氏卜過之龜焦
將往助之也
衛至五氏道過中牟畏晉故卜衛
也龜焦兆不成不可以行事也
侯曰可也衛車當其半寡人當其
半敵矣衛侯怒晉甚不復顧卜乃
欲以身當五百乘也

…欲以身當五百乘也

過中牟〻〻人欲伐之衛褚師圃

亡在中牟曰衛雖小其君在焉未

可勝也齊師克城而驕其帥又賤

城謂夷儀也帥謂東郭書也

遇必敗之不如從

齊乃伐齊師敗之

獲齊車五百乘事見哀十五年

…三邑皆齊西…

事見哀十五年

齊侯致禚媚杏於衛　三邑皆齊西界以答謝衛意也

齊侯賞犂彌〻〻辭曰有先登者臣從之皙幘而衣貍製　皙白也幘齒上下相值也　製裘也

公使視東郭書曰乃夫子也吾貺子　貺賜也

公賞東郭書〻辭曰

言彼與我若賔主

也吾貺子……

彼賓旅也　言彼與我若賓主相讓旅俱進退也　乃賞

犂彌齊師之在夷儀也齊侯謂夷

儀人曰得敝無存者以五家免　五家令常不共役事也　乃得其尸公三襚之

供　共

襚衣也比殯三加　襚深禮厚之也　與之犀軒與直

蓋　犀軒卿車也　而先歸之坐引

穟深礼厚之也

蓋犀軒卿車也而先歸之坐引者

直蓋高蓋也

傳喪車以盡哀也君方

以師哭之為位而哭故撫喪者不

敢立　親推之三　齊侯自推喪

也　車輪三轉也

經　十年春王三月及齊平　平前八年再侵齊之

怨　夏公會齊侯于夾谷　乎故公至

也

也夏公會齊侯于夾谷（古洽反又古協反二傳作頰）也公至

自夾谷傳晉趙鞅帥師圍衛齊人

來歸鄆讙龜陰田三邑皆汶陽田也泰山博縣北

有龜山陰田在其北也會夾谷孔子相齊人服義而歸魯田也叔

孫州仇仲孫何忌帥師圍郈郈叔孫氏

邑也秋叔孫州仇仲孫何忌帥師圍

傳在前年春

也

郈宋樂大心出奔曹傳在前年春書名罪其稱疾不適晉也

宋公子地出奔陳貪弄馬以距君命書名罪之也

冬齊侯衛侯鄭游速會于安甫无傳安甫地闕

叔孫州仇如齊宋公之弟辰曁宋仲佗石彄出奔陳曁與也宋公寵向魋不禮辰請辰忿而

之弟辰暨仲佗石彄出奔陳

也宋公寵向魋不聽辰請辰忿而將大臣出奔虛請自忿稱弟示首惡也仲佗石彄皆為國卿不能匡君靜難而為辰所牽帥出奔稱名亦罪之也

傳

十年春及齊平夏公會齊侯于祝其實夾谷夾谷即祝其也孔丘相相會儀也犂

其實夾谷祝其也孔丘相儀也犂
彌言於齊侯曰孔丘知礼而無勇
若使萊人以兵劫魯侯必得志焉
萊人齊所滅萊夷也齊侯從之孔丘以公退
曰士兵之以兵擊萊人兩君合好而裔
夷之俘以兵乱之裔遠也非齊君所

以命諸侯也裔不謀夏夷不乱華俘不干盟兵不偪好於神為不祥
盟將告神犯之為不善於德為愆義於人為
失禮君必不然齊侯聞之遽辟之避去萊兵也
將盟齊人加於載書曰齊

兵也　將盟齊人加於載書曰齊
師出竟而不以甲車三百乘從我
者有如此盟　如此盟詛之禍也　孔丘使茲
無還揖對　無還魯大夫也　曰而不反我汶
陽之田吾以共命者亦如之　須齊歸汝
陽田乃當共齊命於是孔子以公
退賤者終具事要盟不絜故略不
書齊侯將享公孔丘謂梁丘據曰

退賤者終具事要盟不絜故略不書也

齊侯將享公孔丘謂梁丘據曰齊魯之故吾子何不聞焉故舊典也事既成矣會事成也而又享之是勤執事也且犧象不出門嘉樂不野合犧象酒器犧尊象尊也嘉樂鐘磬也饗而既具是弃礼

秕穀不

秕方鄙反字林方比反又必履反

也嘉樂鐘磬也

也若其不具是用秕稗也秕穀不成者稗草之似穀者也言享不具禮穢薄若秕稗也用秕稗君辱棄禮名惡子盍圖之夫享所以昭德也不昭不如其已也乃不果享孔子知齊侯懷詐故以禮距之也齊人來歸鄆

讙龜陰田陽虎九年以此奔齊

故以礼距之也

讙龜陰之田　陽虎九年以此奔齊

經文倒者次魯事也

晉趙鞅圍衛報夷儀也　前年齊為

衛伐晉夷

儀故伐衛　初衛侯伐邯鄲午於寒

以為報也

氏　邯鄲廣平縣也午晉邯鄲大夫寒

氏即五氏也前年衛人助齊伐

五氏　城其西北隅而守之宵熸

也

宵散

城其西北而守之
一本或亦城其西北隅

城其西北
守之
一本或亦城
其西北隅

也　城其西北而守之　子潛反

宵熸　也

及晉圍衛午以徒七十人門

於衛西門殺人於門中曰請報寒

氏之役　衛開門與午鬪也

涉佗曰夫子則　徒何反

勇矣然我往必不敢啓門亦以徒

七十人旦門焉步左右皆至而立

至其門下行歩門左右然後

七十人旦門焉步左右皆至而立

如植　至其門下行歩門左右然後立待如立木不動以示整也

日中不啓門乃退反役晉人討衛

之叛故曰由渉佗成何　捘衛侯於手故也

是執渉佗以求成於衛〻人不

許晉人遂殺渉佗成何奔燕君子

言也見殺

言吾人遂殺涉佗成何奔燕君子
曰此之謂棄礼必不鈞言必見殺不得與人
等也詩曰人而無礼胡不遄死涉佗
亦遄矣哉詩鄘風也遄速也初叔孫成子
欲立武叔公若藐固諫曰不可藐叔
孫氏之族也成子立之而卒公南使賊
公南叔孫家臣

族也

射之食亦反下及注同不能殺公南叔孫家臣武叔之黨也公南

為馬正使公若為郈宰武叔既定

使郈馬正侯犯殺公若弗能其圉

人曰武叔之圉人也吾以劒過朝公若必

曰誰之劒也吾稱子以告必觀之

[illegible]僞為

曰誰之劍也吾稱子以告必觀之吾偽固而授之末則可殺也偽為固陋不知禮者以劍鋒末授殺之也使如之公若曰爾欲吳王我乎見劍向己逆呵之鱄諸殺吳王亦用劍刺之遂殺公若侯犯以郈叛犯以不能副武叔之命故叛之而以圍告廟故書圍武叔懿子圍郈

以圉吉廟故書圉扶盡之圉

弗克秋二子及齊師復圍郈弗克

叔孫謂郈工師駟赤工師掌工匠之官也曰

郈非唯叔孫氏之憂社稷之患也

將若之何對曰臣之業在揚水卒在揚水卒章本或作揚之水卒章

章之四言矣揚水詩唐風卒章四言曰我聞有命也

叔孫稽首謝其受四言駟赤謂侯犯曰

言曰我聞有命也

叔孫稽首謝其受已命也駟赤謂侯犯曰

居齊魯之際而無事必不可矣無所

服事也子盍求事於齊以臨民不然

將叛侯犯從之齊使至駟赤與郈

人為之宣言於郈中詐為齊使言也曰侯

于偽反下注ー春同

易于

已將以郈易于齊人將遷郈民謂易

……使言也

犯將以郈齊之人將遷郈民謂易其民人也

衆兇懼不欲遷也駟赤謂侯犯曰衆

言異矣不與始同也子不如易於齊與

其死也猶是郈也而得紓焉何必

此言以郈民易取齊人與郈無異賸於守郈為叛人所殺也

言

勝於守郈爲叛人所殺也
齊人欲以此偪魯必倍與子地言
非徒得民人將得齊地也
且盡多舍甲於子之
門以備不虞侯犯曰諾乃多舍甲
焉侯犯請易於齊齊有司觀郈將
至駟赤使周走呼曰齊師至矣郈
人大駭介侯犯之門甲以圍侯犯

人大駭介侯犯之門甲以圍侯犯駟赤將射之偽為侯犯射郈人也侯犯止之曰謀免我侯犯請行許之郈人許之駟赤先如宿宿東平無鹽縣故宿國也侯犯殿每出一門郈人閉之閉其後門也及郭門

出一門郈人閉之門也及郭門
止之曰子以叔孫氏之甲出有司
若誅之誅責也羣臣懼死駟赤曰叔
孫氏之甲有物吾未敢以出物識也赤
還救侯犯也侯犯謂駟赤曰子止而與
之數數甲以相付也駟赤止而納魯人侯

之要相付也……

犯奔齊〻人乃致郈致其名簿也為下武叔如齊傳也

宋公子地嬖蘧富獵地宋景公弟辰之兄也

十一分其室而以其五與之與富獵也

公子地有白馬四公嬖向魋〻欲之向魋司馬桓魋也

公取而朱其尾

鬣以與之與魋……

桓魋也
鬣以與之與魋地怒使其徒抶魋
而奪之魋懼將走公閉門而泣之
目盡腫母弟辰曰子分室以與獵
也而獨卑魋亦有頗焉子為君礼
礼避君也不過出竟君必止子公子地

若也

出奔陳公弗止辰為之請弗聽辰

曰是我迋吾兄也迋欺也吾以國人

出君誰與處冬母弟辰暨仲佗石

彄出奔陳佗仲幾子彄褚師段子皆宋卿衆之所望故言

國人也武叔聘于齊謝致郈也經書辰奔在聘後者

從告

武叔聘于齊侯犯奔在聘後者也從告也齊侯享之曰子叔孫若使郈在君之他竟寡人何知焉屬與敝邑際故敢助君憂之以致郈德叔孫也對曰非寡君之望也所以事君封疆社稷是以以猶爲也敢以家隸勤君之

社稷是以為也敢以家隸勤君之

執事夫不令之臣天下之所悪也

君豈以為寡君賜言義在討悪非所以賜寡君也　烏路反十三年傳注皆同一音如字

經十有一年春宋公之弟辰及仲佗　暨本作

石彄公子地自陳入于蕭以叛蕭宋

邑也稱弟例在前年夏四月秋宋樂大心自

入蕭從叛人叛

在前年[illegible]

曹入于蕭入蕭從叛人叛可知故不書叛冬及鄭

還 云旋ー叔
詣曾孫
葉世族譜
叔ー是叔弓
曾孫比云
叔詣誤也

平平六年侵鄭取匡之怨叔還如鄭涖盟叔還

詣曾孫也

傳十一年春宋公母弟辰暨仲佗石

彄公子地入于蕭以叛秋樂大心

[illegible]

彄公子地入于蕭以叛秋樂大心從之大為宋患寵向魋故也惡宋公寵不義以致國患也冬及鄭平始叛晉也魯自僖公以來世服於晉至今而叛故曰始也

經十有二年春薛伯定卒傳四年盟臯鼬

夏葬薛襄公無傳叔孫州仇帥師墮

葬薛襄公傳……

郈墮毀也患其險固衛公孟彄帥

故毀壞其城也

師伐曹彄孟縶季孫斯仲孫何忌

子也

帥師墮費秋大雩無傳書冬十月

過也

癸亥公會齊侯盟于黃無傳結十

叛晉也

有一月丙寅朔日有食之無傳公至

有一月丙寅朔日有食之傳公至
自黄傳十有二月公圍成公至自
圍成無傳國内而書至者成彊若
列國興動大衆故出入皆告
廟也
傳十二年夏衛公孟彄伐曹克郊郊曹
邑還滑羅殿羅衛大
也夫也未出不退於
衆出曹竟羅不退

也 夫也

列未出曹竟羅不退其御曰殿而

在行列之後也

在列其為無勇宁羅曰與其素厲

寧為無勇素空也厲猛也言伐小

國當如畏者以誘致之

也仲由為季氏宰仲由子路也將墮三

三都費郈成也彊盛將為

都國害故仲由欲毀之也於是

者國宮故仲由欲毀之也　於是
叔孫氏墮郈季氏將墮費公山不
狃叔孫輒帥費人以襲魯　不狃費宰也輒
不得志於叔孫氏也
公與三子入于季氏之
宮登武子之臺費人攻之弗克入
及公側　至臺下也
仲尼命申句須樂頎
二子魯大夫也仲

及公側下也仲尼命申句須樂頎
下伐之二子魯大夫也仲尼時爲司寇也費人北
國人追之敗諸姑蔑二子奔齊二子
不狃叔孫輒也遂墮費將墮成公斂處父
謂孟孫墮成齊人必至于北門成在
魯北竟故也且成孟氏之保障也無成

故也

子偽不知　孟如字一本　偽作為

是無孟氏也子偽不知我將
不墮冬十二月公圍成弗克
經十有三年春齊侯衛侯次于垂葭
二君將使師伐晉次垂葭以為之援也夏築蛇淵囿
無傳書不時也大蒐于比蒲無傳夏蒐非時也衛
公孟彄帥師伐曹無傳秋晉趙鞅入

不時也大蒐于比蒲非時也衛
公孟彄帥師伐曹無傳秋晉趙鞅入
于晉陽以叛書叛惡可知也冬晉荀寅士
吉射入于朝歌以叛吉射士鞅子也晉趙
鞅歸于晉韓魏請而復之故曰歸言韓魏之彊猶列國也
薛弒其君比無傳稱君君無道也
傳十三年春齊侯衛侯次于垂葭

君無道也

傳十三年春齊侯衛侯次于垂葭實

郥氏 垂葭改名郥氏也高平鉅野縣西南有郥亭也 使師

伐晉將濟河諸大夫皆曰不可邴

意茲曰可 意茲齊大夫也 銳師伐河內 今河

內汲郡也 傳必數日而後及絳 傳告晉也 絳

郡也[illegible]晉也[illegible]

不三月不能出河則我既濟水矣

乃伐河内齊侯皆斂諸大夫之軒

唯邴意茲乘軒以其言當也齊侯欲與

衛侯乘共載與之宴而駕乘廣潒

載甲焉使吉曰晉師至矣齊侯曰

[illegible]以之車攝

比君之駕也寡人請攝以已車攝代衛車也
乃介而與之乘驅之或告曰無晉
師乃止傳言齊侯輕所以不能成功晉趙鞅謂
邯鄲午曰歸我衛貢五百家吾舍
諸晉陽午許諾十年趙鞅圍衛衛人懼貢五百家鞅

人懼貢五百家鞅
置之邯鄲今欲徙著歸告其父兄
晉陽〻〻趙鞅邑也
〻〻皆曰不可衛是之以爲邯鄲
言衛以五百家在邯鄲常爲是故與邯鄲親而寘諸晉
陽絕衛之道也不如侵齊而謀之
侵齊則齊當來報欲因懼齊而徙之則衛與邯鄲好不絕也乃
如之而歸之于晉陽欲如是謀而

徒之則衛與邯鄲好不絶之
如之而歸之于晉陽欲如是謀而後歸衛貢也
趙孟怒召午而因諸晉陽趙鞅不察其謀謂午不用命故因之使其從者說劍而入涉
賔不可涉賔午家臣也說劍入欲謀叛也不肯乃使
告邯鄲人曰吾私有討於午也二
三子唯所欲立午趙鞅同族別封

婿
智

告邯鄲人曰吾私有討於午也二
三子唯所欲立午趙鞅同族別封邯鄲故使邯鄲人
更立午之宗親也遂殺午趙稷涉賓以邯鄲
叛稷趙午子也夏六月上軍司馬籍秦
圍邯鄲〻〻午荀寅之甥也荀寅
范吉射之姻也婿父曰姻荀寅而
子娶吉射女

荀寅射之姻也　子娶吉射女　而
相與睦故不與圍邯鄲將作乱　作乱
攻趙鞅也　董安于聞之　安于趙氏臣也　告趙孟
曰先備諸趙孟曰晉國有命始禍
者死為後可也安于曰與其害於
民寧我獨死　懼見攻必傷害民也　請以我說
晉國告可殺

[illegible][illegible]我殺多傷害民也言以我言

趙孟不可晉國若討可殺我以自解說也秋七月

范氏中行氏伐趙氏之宮趙鞅奔

晉陽晉人圍之范皐夷無寵於范

吉射而欲為亂於范氏皐夷范氏側室子也

梁嬰父嬖於知文子文子荀躒也文子

惡 如字又烏路反下同

欲以為卿韓簡子與中行文子相

惡簡子韓起孫不信也中行文子荀寅也魏襄子亦

與范昭子相惡襄子魏舒孫曼多也昭子士吉射

故五子謀五子范皐夷梁嬰父知文子韓簡子魏襄子也

將逐荀寅而以梁嬰父代之逐范

吉射而以范皐夷代之荀躒言於
晉侯曰君命大臣始禍者死載書
在河（為盟書沈之河也）今三臣始禍而獨
逐之（鞅刑已不鈞矣請皆逐）冬十一月荀躒韓不信魏曼
多奉公以伐范氏中行氏弗克二

奉公以伐范中行氏弗克二子將伐公齊高彊曰三折肱知為良醫（高彊齊子尾之子昭十年奔魯遂適晉也）唯伐君為不可民弗與也我以伐君在此矣三家未睦（三家知韓魏也）可盡克也克之君將誰與若先伐君是使睦也

之君將誰與若先伐君是使睦也

弗聽遂伐公國人助公二子敗從而伐之

丁未荀寅士吉射奔朝歌韓魏以

趙氏為請（經所以書趙鞅歸也）十二月辛未

趙鞅入于絳盟于公宮（傳録晉衰亂也）初

衞公叔文子朝而請享靈公（欲令公臨

史鰌史

衛公叔文子朝而請享靈公公臨
其家也退見史鰌而告之史鰌史魚也史
鰌曰子必禍矣子富而君貪罪其
及子乎文子曰然吾不先告子是
吾罪也君既許我矣其若之何史
鰌曰無害子臣可以免言能執臣礼富
而能臣必免於難上下同之言尊

鰌曰子臣可以免臣禮富
而能臣必免於難上下同之言尊卑皆
然戍也驕其亡乎戍文子之子富而不
驕者鮮吾唯子之見驕而不亡者
未之有也戍必與焉與禍難也及文子
卒衞侯始惡於公叔戍以其富也
公叔戍又將去夫人之黨靈公夫

公叔戌又將去夫人之黨靈公夫人南子黨宋朝之徒也夫人愬之曰戌將為亂為明年戌來奔傳也

經十有四年春衛公叔戌來奔衛趙陽出奔宋陽趙黶孫也書名者親富不親仁也二月

陳之奔宋者親富不親仁也

辛巳楚公子結陳公孫佗人帥師滅頓以頓子牂歸夏衛北宮結来奔亦黨公叔戌皆惡之也五月於越敗吳于檇李於越〻國也使罪人詐吳乱陳從未陳之例書敗也檇李吳郡嘉興縣南醉李城也吳子光卒未同盟而赴以名公會齊侯衛侯于牽魏郡黎陽

南醉李城也　[illegible]而趁以

名也　公會齊侯衛侯于牽魏郡黎陽縣東北有牽城　公至自會無傳　秋齊侯宋公會于洮洮曹地也　天王使石尚來歸脤無傳石尚天子之士石氏尚名脤祭社稷之肉盛以脤器以賜同姓諸侯親兄弟之國與之共福　衛世子蒯聵出奔宋衛

之共福　衛世子蒯聵出奔宋衛

公孟彄出奔鄭彄書名與蒯聵黨罪之宋公

之弟辰自蕭來奔無傳稱宋公之弟例在十年

大蒐于比蒲邾子來會公無傳會公于比

蒲也來而不用朝禮故曰會也城莒父及霄無傳

公叛晉助范氏故懼而城二邑也此年無冬史闕也

邑也　此年無冬史闕也

傳十四年春衛侯逐公叔戌與其黨

故趙陽奔宋戌来奔　終史魚之言也　梁嬰

父悪董安于謂知文子曰不殺安

于使終為政於趙氏趙氏必得晉

國盍以其先發難也討於趙氏文

國盍以其先發難也討於趙氏文
子使告於趙孟曰范中行氏雖信
為乱安于則發之是安于與謀乱
也晉國有命始禍者死二子既伏
其罪矣敢以告告使討安于也趙孟患之
安于曰我死而晉國寧趙氏定將
焉用生人誰不死吾死莫矣

安于曰我死而晉國寧趙氏定將
焉用生人誰不死吾死暮矣乃
縊而死趙孟尸諸市而告於知氏
曰主命戮罪人安于既伏其罪矣
敢以告知伯從趙孟盟知伯荀躒也而
後趙氏定祀安于於廟趙氏廟也頃子

後[illegible]宗[illegible]二[illegible]廟 廟也 七之
牂欲事晉背楚而絶陳好二月楚
滅頓 傳言小不事大所以亡也 夏衛北宮結來
奔公叔戍之故也 呉伐越 報五年越入呉
也 越子勾踐禦之陳于檇李 勾踐越王
允常子也 勾踐患呉之整也使死士再
[illegible]使敢死之士往輒爲呉

子也句踐患吳之整也使死士再
禽焉不動使敢死之士往輙為吳所禽欲使吳師乱取之
而吳不動也使罪人三行屬劍於頸以劍
注頸而辭曰二君有治臣奸旗治軍旅也
鼓犯軍令也不敏於君之行前不敢逃
刑敢歸死遂自剄也師屬之目越

刑敢歸死遂自剄也師屬之目越
子因而伐之大敗之靈姑浮以戈
擊闔廬姑浮越大夫也闔廬傷將指取其
一屨其足大指見斬遂失屨姑浮取之還卒於陘
去檇李七里釋經所以不書滅夫差使人
立於庭夫差闔廬嗣子也苟出入必謂己

…嗣子也

曰夫差而志越王之殺而父乎則對曰唯不敢志三年乃報越後三年哀元年也

晉人圍朝歌公會齊侯衛侯于脾上梁之間脾上梁間即奉也謀救范中行氏齊魯救晉故助范中行也析成鮒小王桃甲率狄師以襲二子晉大夫

中行助范中行也析成鮒小王

桃甲率狄師以襲晉二子晉大夫范中行氏之

黨也戰于絳中不克而還士鮒奔周

小王桃甲入于朝歌秋齊侯宋公

會于洮范氏故也謀救范氏也衛侯為

夫人南子召宋朝南子宋女也朝宋公子舊通于

南子在宋會于洮大子蒯聵獻

夫人南子召宋朝宋公子舊通于南子在宋呼之也

會于洮大子蒯聵獻盂

于齊過宋野蒯聵衛靈公太子盂邑名也就會獻之故自衛行而過宋野

野人歌之曰既定爾婁

豬盍歸吾艾豭婁豬求子豬也以喻南子也艾豭喻宋朝艾老也

大子羞之謂戲陽速曰從

速太子

艾五蓋反老也字林豭方叉三毛聚居者豭方加非家也

詩臘反

張魚反　力侯反字林力卜　細婁付反

少詩照反小君

老也　大子羞之謂戲陽速曰從

我而朝少君速太子家臣也少君見我ヽ

顧乃殺之速曰諾乃朝夫人ヽヽ

見大子ヽヽ三顧速不進夫人見

其色啼而走見太子色變知其欲殺已也曰蒯

聵將殺余公執其手以登臺大子

聵將殺余公執其手以登臺大子
奔宋盡逐其黨故公孟彄出奔鄭
自鄭奔齊大子告人曰戲陽速禍
余戲陽速謂人曰大子則禍余大
子無道使余殺其母余不許將戕
於余戕殘殺也若殺夫人將以余說說余是故
許而弗為以紓余死諺曰民保於信

在良反

於令殺也[illegible]

許而弗爲以紓余死讒曰民保於

信吾以信義也信上義可信不以信言也冬十

二月晉人敗范中行氏之師於潞

獲籍秦高彊二子黨范氏者終景王言籍父無後也

又敗鄭師及范氏之師于百泉鄭助

范氏故

又賢能不諂之能之賢助

范氏故并敗也

經十有五年春王正月邾子來朝鼷鼠食郊牛〻死改卜牛無傳不言所食處舉思慮死重也改卜礼也二月辛丑楚子滅胡以胡子豹歸夏五月辛亥郊無傳書過也

高寢言名也不

故之務身甚王厚甚𡚁過也

壬申公薨于高寢 高寢宮名也不於路寢失其所也

鄭罕達帥師伐宋齊侯衛侯次于渠蒢 直居反 不果救故書次也

邾子来奔喪 無傳諸侯奔喪非禮也

秋七月壬申姒氏卒 定公夫人也

八月庚辰朔日有食之 無傳

九月滕子來會葬 無傳諸侯會

也
八月庚辰朔日有食之傳九
月滕子來會葬無傳諸侯會葬非禮也丁巳
葬我君定公雨不克葬戊午日下
昃乃克葬辛巳葬定姒辛巳十月三日有日
無月冬城漆邾庶其邑
也
傳
十五年春邾隱公來朝邾子益也子貢

益也

觀焉邾子執玉高其容仰公受玉

卑其容俯玉朝者之贄也子貢曰以禮觀

之二君者皆有死亡焉夫禮死生

存亡之體也將左右周旋進退俯

仰於是乎取之朝祀喪戎於是乎

不合

仰於是乎取之朝祀喪戎於是乎觀之今正月相朝而皆不度不合法度心已亡矣嘉事不體何以能久嘉事朝祀也高仰驕也卑俯替也驕近乱替近疾君為主其先亡乎為此年公薨哀七年以邾子益歸傳也吳之入楚也在四年胡

知者知

益歸傳也

子盡俘楚邑之近胡者俘取也楚既

定胡子豹又不事楚曰存亡有命

事楚何為多取費焉二月楚滅胡

傳言小不事大所以亡也夏五月壬申公薨仲

尼曰賜不幸言而中是使賜多言

以識知知者知之難者子貢言

問曰則不……

知者知　並如字又方智
者也　以穢知者知之難者子貢言
語之士令言而中仲尼懼其
易言故
抑之
鄭罕達敗宋師于老丘　罕
達
子齹之子也老丘宋地也宋公子
地奔鄭鄭人為之伐宋取地以
處之事見哀
十二年也
齊侯衛侯次于蘧挐
謀救宋也秋七月壬申姒氏卒不
……赴同附姑

謀救宋也秋七月壬申姒氏卒不
稱夫人不赴且不祔也赴同祔姑夫人之礼三者皆闕故不曰夫人也葬定公雨不克襄事
礼也襄成也雨而成事若汲汲於欲葬也葬定姒不
稱小君不成喪也公未葬而夫人薨煩於喪礼不赴不祔故不稱小君臣子怠慢也反哭於寢故書葬也冬城

愼也反哭於寢故書葬也 十九

滚書不時告也實以秋城冬乃告

緩告從而書廟嘗知其不時故

之以示譏也 十九

# 春秋卷第二十八

經五千四百五十六字
注三千八百八十字

本奥云

大永二年[illegible]月[illegible]日[illegible]

本奥云

文永元年十月朔日以家秘説奉授越州

使君尊閤了

前参河守清原在判

文永五年十月十六日以家記

大夫本一校畢

本奥云

本奥

弘長二年五月廿一日以古摺本
手自書寫了
越州別駕清原　在判

墨字加墨點了
前三河守　在判

文永二年閏四月十六日受文御
説了（之砌）彼在京都之間於無人中
直隆

文永六年九月十七日以家之
秘説奉授越後二郎尊閤

秘説奉授越州太守尊閤

了

朝請大夫清原（花押）

一晩早了　于時應永己丑仲秋初三日　老雲翁

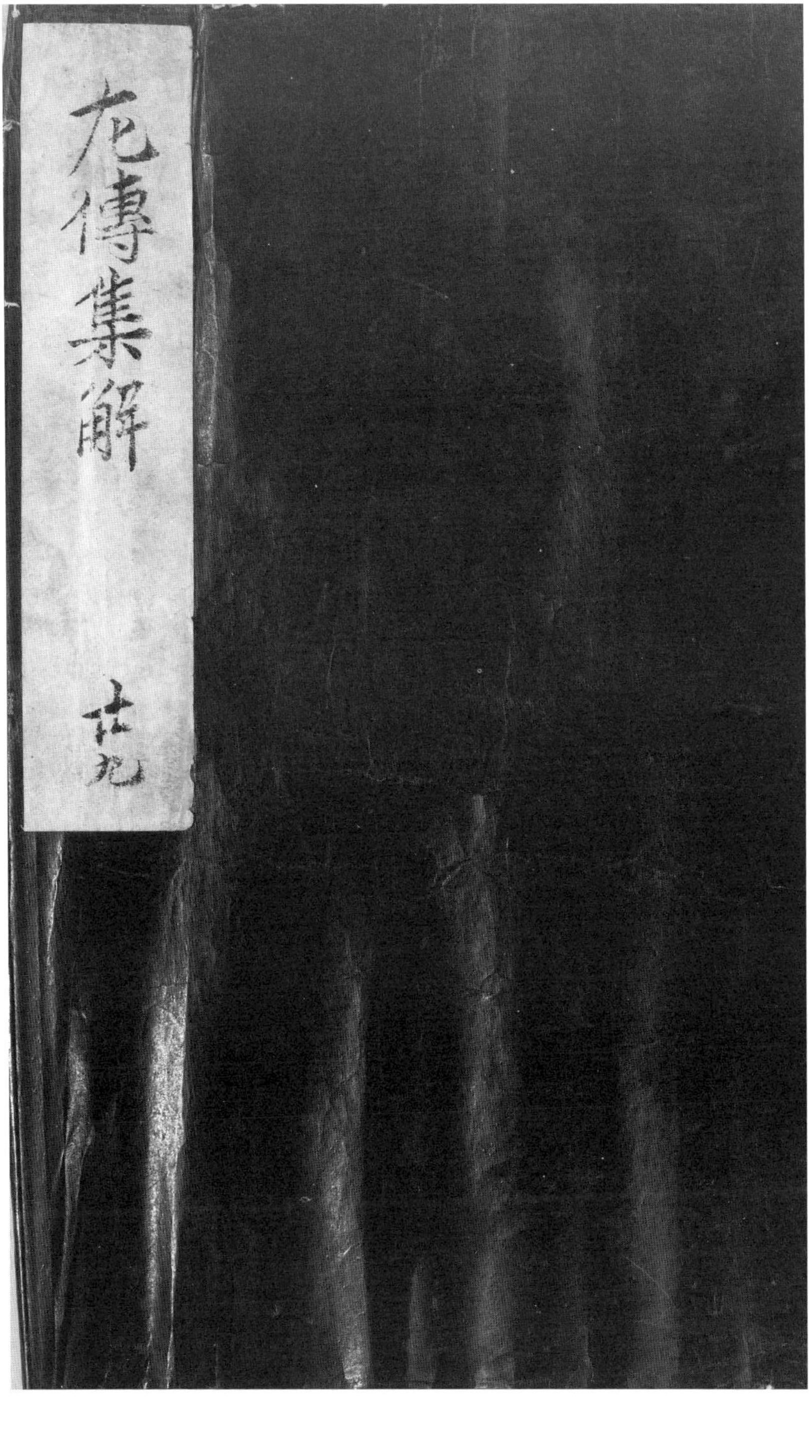
左傳集解
廿九

# 春秋經傳集解哀上第二十九　杜氏　盡十二年

哀公名蔣定公之子蓋夫人定姒所生敬王卅八年即位謚法恭仁短折曰哀

哀公名蔣定公之子蓋夫人定姒所生敬王卅八年即位謚法恭仁短折曰哀

# 春秋經傳集解哀上第二十九　杜氏　盡十三年



已卅五

經元年春王正月公即位無傳楚子陳

侯隨侯許男圍蔡隨世服於楚不

通中國吳之入

楚昭王奔隨ゝ人免之卒復楚國

楚人德之使列於諸侯故得見經

也定六年鄭滅許此

復見者蓋楚封之也鼷鼠食郊牛

役見者盖楚封之也鼷鼠食郊牛改卜牛四月辛巳郊無傳書過也不言所食〻非一處也秋齊侯衛侯伐晉冬仲孫何忌帥師伐邾無傳

傳元年春楚子圍蔡報栢舉也在定四年

栽 才代反又才再反 說文云築牆長版

里而栽栽設版築爲圍壘周匝去蔡城一里也廣丈

里而栽匝去蔡城一里也廣丈
高倍壘厚一丈高二丈也夫屯晝夜九日夫猶
兵也壘成故令人在壘裏屯守蔡也如子西之素
子西本計為壘當用九日而成也蔡人男女以辨
辨別男女各別係纍而出降也使疆于江汝之
間而還楚欲使蔡徙國在江水之北汝水之南求田以自安
也蔡權聽命

閒□□北汝水之南求田以自安也蔡權聽命故楚師還也

蔡於是乎請遷于吳

楚既還蔡人更叛楚就吳爲明年蔡遷州來傳也

吳王夫差敗越于夫椒報檇李也

椒 又作𣏌 子消反

檇李在定十四年夫椒吳郡吳縣西南大湖中椒山也

遂入越〻子以甲楯五千保于會稽

上會稽山也在會稽山陰

以甲楯五千保于會稽也在會稽
山陰縣南使大夫種因吳大宰嚭以行
成吳子將許之伍員曰不可臣聞
之樹德莫如滋去疾莫如盡昔有
過澆殺斟灌以伐斟鄩澆寒浞子封於過者
二斟夏同姓諸侯也襄四
年傳曰澆用師滅斟灌滅夏后
夏后相啓孫也后相失國

年傳曰澆用師滅斟灌

相（息亮反　注及下注同）夏后相啓孫也后相失國依於二斟復為澆所滅也　后緡

方娠逃出自竇　后緡相妻也　娠懷身也　歸于

有仍　后緡有仍氏女也　生少康焉為仍牧

正　牧官之長也　惎澆能戒之　惎毒也　戒備也　澆

使椒求之　椒澆臣也　逃奔有虞為之庖

使椒求之臣也逃奔有虞為之庖
正以除其害虞舜後諸侯也梁國有虞縣庖正掌膳羞
之官也賴此以得除已害也虞思於是妻之以
二姚思有虞君也虞思曰以二女妻少康姚虞姓也而邑
諸綸綸虞邑有田一成有眾一旅方十
里為成五百人為旅能布其德而兆其謀兆始
也以收夏眾撫其官職襄四年傳

百人為旅能布其德而兆其謀兆始
也以收夏衆撫其官職襄四年傳
曰靡自有
鬲氏收二國之燼以滅浞而立少康使女艾諜澆女
艾少康臣使季杼誘豷豷澆弟也季
諜候也杼少康子后杼
也遂滅過戈復禹之績過澆國也
戈豷國也績功也
祀夏配天不失舊物物事也今呉不
如過而越大於少康或將豐之

過戈並古禾反

如過而越大於少康或將豐之不
亦難乎言與越成是使越豐大必為吳難也句踐能
親而務施不共人所加惠賜皆得其人也親
不棄勞推親愛之誠則不遺小勞也與我同壤
而世為仇讎於是乎克而弗取將

而世為仇讎於是乎克而弗取將又存之違天而長寇讎猶言天與不取也後雖悔之不可食已食消也已上也姬之衰也日可俟也姬吳姓也言可計日而待也介在蠻夷而長寇讎以是求伯必不行矣弗聽退而告人曰越十年生生民聚財富

行矣弗聽退而告人曰越十年生聚而十年教訓生民聚財富而後教之二十年之外吳其為沼乎謂吳宮室廢壊當為汙池也為二十二年越入吳起本也三月越及吳平吳入越不書吳不告慶越不告敗也嫌夷狄不與華同故復發傳也夏四月齊侯衛

故後發傳也　夏四月齊侯衛
侯救邯鄲圍五鹿　趙稷以邯鄲叛范中行氏之黨
也五鹿晉邑也　吳之入楚也　在定四年　使召陳
懷公〻〻朝國人而問焉曰欲與
楚者右欲與吳者左陳人從田無
田從黨　都邑之人無田者隨黨而立也不知所與故直從所
居田在西者居右

田祖立也不知所與故直從所
居田在西者居右
在東者居左也逢滑當公而進
當公不左
不右也曰臣聞國之興也以福
其亡也以禍今吳未有福楚未有
禍楚未可棄吳未可從而晉盟主
也若以晉辭吳若何公曰國勝君
亡非禍而何楚爲吳對曰國之有

也若以晉辭吳若何公曰國勝君
亡非禍而何楚為吳所勝也對曰國之有
是多矣何必不復小國猶復況大
國乎臣聞國之興也視民如傷是
其福也如傷恐驚動也其亡也以民為土
芥是其禍也芥草也楚雖無德亦不

古邁反

艾殺其民吳日敝於兵暴骨如莽
草之生於廣野莽
々然故日草莽而未見德焉天
其或者正訓楚也使懼而改過也禍之適
吳其何日之有言至也今陳侯從之及
夫差克越乃脩先君之怨秋八月
傳言吳不脩德

夫差克越乃修先君之怨秋八月
吳侵陳脩舊怨也傳言吳不脩德而脩怨所以亡也
齊侯衛侯會于乾侯救范氏也
師及齊師衛孔圉鮮虞人伐晉取
棘蒲魯師不書非公命也孔圉孔烝鉏曾孫鮮虞狄帥賤故不書也
吳師在陳楚大夫皆懼曰闔廬

也
吳師在陳楚大夫皆懼曰闔廬
唯能用其民以敗我於柏舉今聞
其嗣又甚焉將若之何子西曰二
三子恤不相睦無患吳矣昔闔廬
食不二味居不重席室不崇壇平地
作室不起壇也器不彤鏤彤丹也鏤刻也宮室不
觀臺

起壇也器不彤鏤刻也宮室不
觀觀臺榭也舟車不飾衣服財用擇不
取費選取堅厚不尚細靡在國天有菑癘癘疾
疫也親巡孤寡而共其乏困在軍熟
食者分而後敢食必須軍士皆分熟食不敢先食
也分猶徧也其所嘗者卒乘與焉所嘗甘珍
非常

徧也其所嘗者卒乘與焉有珍非常食也勤恤其民而與之勞逸是以民不罷勞死知不曠知身死不見曠弃也吾先大夫子常易之所以敗我也易猶反也今聞夫差次有臺榭陂池焉積土為高曰臺有木曰榭過再宿曰次也宿有妃嬙嬪御焉妃嬙貴者嬪御

榭過再宿曰次也宿有妃嬙嬪御

焉妃嬙貴者嬪御賤者皆内官也一日之行所欲

必成玩好必從珍異是聚觀樂是

務視民如讎而用之日新夫先自

敗也已安能敗我為二十二年越滅呉起也

十二月晉趙鞅伐朝歌討范中行氏

十一月晉趙鞅伐朝哥　行代

經二年春王二月季孫斯叔孫州仇

仲孫何忌帥師伐邾取漷（火號反又方郭）東田及

沂（魚依反）西田　邾人以賂　取之易（以豉反）也　癸巳叔孫州仇

仲孫何忌及邾子盟于句（古侯反）繹　句繹　邾地

取邑盟以　要（以遙反）之也　夏四月丙子衛侯元卒

要之也

定之四年盟皐鼬滕子來朝傳晉趙鞅帥師

納衛世子蒯聵于戚秋八月甲戌

晉趙鞅帥師及鄭罕達帥師戰于

鐵鄭師敗績皆陳曰戰大崩曰敗績鐵在戚城南罕達

子皮孫也冬十月葬衛靈公無傳七月而葬緩慢

也　畏楚而

孫也冬十月葬衛靈公而葬緩慢

也十有一月蔡遷于州來畏楚而請遷故以自遷為文也蔡殺其大夫公子駟懷土而欺大國故罪而書名

傳二年春伐邾將伐絞絞邾邑也邾人愛其土故賂以漷沂之田而受盟初

衛侯遊于郊子南僕公子

衛侯遊于郊子南僕子南靈公子郢也僕御也
公曰余無子將立女蒯聵奔無大子也不
對他日又謂之對曰郢也不足以
辱社稷君其改圖君夫人在堂三
揖在下三揖卿大夫士也君命祗辱言立適當

夫士也……適當
以礼與外内同之今君私夏衛靈
命事必不從適為辱也
公卒夫人曰命公子郢為大子君
命也對曰郢異於他子言用意不同也且
君沒於吾手若有之郢必聞之言當
以臨沒為正也且亡人之子輒在輒蒯聵之子出
公也靈公……

為正也　[illegible]之子出
公也靈公
適孫也　乃立輒六月乙酉晉趙
鞅師師納衛太子于戚宵迷陽虎
曰右河而南必至焉　是時河北流
過元城界戚
在河外晉軍已渡河
故欲出河右而南也　使太子絻　絻者
始發喪　八人衰絰偽自衛逆者　欲為
之服也
衛人逆故衰[illegible]

之服也八人衰絰僞自衛逆者為
衛人逆故衰
絰成服也
告於門哭而入遂居
之秋八月齊人輸范氏粟鄭子姚
子般送之
子姚罕達也
子般駟弘也
士吉射逆
之趙鞅禦之遇於戚陽虎曰吾車
少以兵車之旆與罕駟兵車先陳
旆先驅車也以先驅車[illegible]

少以兵車之旆與罕駟兵車先陳 直覲反下注同

旆先驅車也以先驅車益其兵車以示衆也

罕駟自後隨而從之彼見吾貌必有懼心

晉人先陳鄭人隨之不知其虛實見車多必懼也

於是乎會之 會合戰也

必大敗之從之卜戰龜焦

兆不成也

樂丁曰詩曰爰始爰謀爰契 苦計反又苦結反

成也樂丁曰詩曰爰始爰謀爰契

我龜樂丁晉大夫也詩大雅言先人事後卜筮也謀協

以故兆詢可也詢諮詢也故兆始納衛太子卜得吉

兆也言今既謀同可不須更卜也簡子誓曰范氏

中行氏反易天明不事君也斬艾百姓

欲擅晉國而滅其君寡君恃鄭而

保焉今鄭為不道棄君助臣二三

欲擅晉國而滅其君寡君恃鄭而

保焉今鄭為不道弃君助臣二三

子順天明從君命經德義除詬耻 呼豆反又音苟

在此行也克敵者上大夫受縣下

大夫受郡 周書作雒篇千里百縣〻有四郡〻也 士田

十萬 十萬畝也 庶人工商遂 得遂進仕也 人

正義曰周書孔子刪尚書之餘云〻千里百縣〻之方百里縣有四郡〻之方五十里

獻也……仕也

斵役　如字又作斲　方何休注云　羊云芟草為防者曰一級扱將根者曰役蘊　林注漢書云一取薪者芟　昭云析薪曰一

臣隸圉免去斵役志父無罪君實圖之志父趙簡子之一名也言若其事濟者當圖其賞也若其有罪絞縊以戮絞所以縊人物也桐棺三寸不設屬辟屬辟棺之重數王棺四重君再重大夫一重素車樸馬以載柩無入千兆兆葬域也為衆設賞自設罰

一賜反　方燭反注同後大棺也　歩歷反注同親身棺也礼大夫元辟　晉卜反　其久反

志父　音甫服云趙鞅入晉陽以畔後得歸改名志父春秋仍稱猶書趙鞅

……柩……兆域也

下卿之罰也為衆設賞自設罰所以能克敵也甲

戌將戰郵無恤御簡子衛太子為

右郵無恤子良也登鐵上鐵丘名也望見鄭師

衆太子懼自投于車下子良授太

子綏而乘之曰婦人也言其怯也簡子

巡列曰畢萬匹夫也七戰皆獲

巡列曰畢萬匹夫也七戰皆獲有
馬百乘死於牖下畢萬晉獻公卿也皆獲有功死
於牖下言得壽終也羣子勉之死不在寇言有
命也繁羽御趙羅宋勇為右三子晉大夫也
羅無勇麇之麇束縛也吏詰之御對曰

[illegible]縛也[illegible]言[illegible]（丘隕反注同）（起吉反）

痁作而伏（詩占反）痁瘧疾也（魚略反）衛大子禱曰曾孫（丁老反一本丁報反）

蒯聵敢昭告皇祖文王周文王也十元皇大也

烈祖康叔烈顯也文祖襄公繼業守文故曰

文祖也十元蒯聵襄公之孫也十元鄭勝亂從勝鄭聲公名也十元釋君

助臣爲從於亂也十元晉午在難（乃旦反下注爲一同）午晉定公名也十元不能

治亂使鞅討之鞅簡子[illegible]

於乱也[illegible]公名也[illegible]

治乱使鞅討之鞅簡子名也蒯聵不敢

自佚備持矛焉戎右待矛也敢告無絶

筋無折骨無面傷以集大事無作

三祖羞也集成大命不敢請佩玉不

敢愛不敢愛故以祈禱也鄭人擊簡子中肩

斃踣[illegible]蠭旗[illegible]

以[illegible]積也

斃千車中（婢世反本亦作獘）　斃踣也（蒲北反）獲其蠭旗（芳恭反）　蠭旗旗名也

太子救之以戈鄭師北獲溫大夫

趙羅　羅無勇故鄭師雖北猶獲羅也　太子復伐之（扶又反）

鄭師大敗獲齊粟千車趙孟喜曰

可矣　趙孟簡子也喜太子前怯今更勇也　傅傁曰雖（素口反又音叟）

克鄭猶有知在憂未艾　傅傁簡

子前怯今更勇也

克鄭猶有知在憂未艾也　傅傁簡子屬也

言知氏將為難後竟有晉陽之患也　初周人與范氏

田公孫尨稅焉　尨范氏臣為范氏收周人所與田之稅也

趙氏得而獻之　得尨以獻簡子也　吏請

殺之趙孟曰為其主也何罪止而

與之田還其所

姚般子姚子般

殺之趙孟曰為其主也何罪止而
與之田還其所稅也及鐵之戰以徒五
百人宵攻鄭師取蠭旗於子姚之
幕下獻曰請報主德追鄭師姚般
公孫林殿而射前列多死晉前列趙
孟曰國無小言雖小國猶有善射者也既戰簡

[illegible]國[illegible]有善射者也

子曰吾伏弢嘔血弢弓衣也嘔吐也鼓音

不衰今日我上也功為上也太子曰吾

救主於車退敵於下我右之上也

郵良曰我兩靷將絶吾能上之上使

不絶我御之上也駕而乘材兩靷

也

材横木明細小也傳言

[illegible]

也

皆絶　材横木明細小也傳言簡子不讓下皆自伐也

吳洩　泄本作　息列反一云息列反未詳

庸如蔡納聘而稍納師〻畢入衆

知之　元年蔡請遷于吳中悔故曰聘襲之

蔡侯吉大

夫殺公子駟以說　殺駟以說吳言不時遷駟之為

哭而遷墓　將遷與先君辭故哭也

冬蔡遷于

吳所遷畏辟故哭也　冬蔡遷于

州來

經三年春齊國夏衛石曼姑帥師圍

戚　曼姑為子圍父知其不義故推齊使為兵首也戚不稱衛非叛

人也　夏四月甲午地震　傳無　五月辛卯

桓宮僖宮災　天火曰災　季孫斯叔孫州

仇帥師城啓陽　…傳魯黨范氏故

桓宮僖宮災　曰災季孫斯叔孫州

仇帥師城洛陽　元傳魯黨范氏故懼晉比年四城也

落陽今琅邪開陽縣也　宋樂髡帥師伐曹　無傳

秋七月丙子季孫斯卒蔡人放其

大夫公孫獵于吳　元傳公子駟之黨也　冬十

月癸卯秦伯卒　元傳不書名未同盟也　叔孫

州仇仲孫何忌帥師圍邾　元

未同盟也 十元

州仇仲孫何忌帥師圍邾 元傳

傳三年春齊衛圍戚求援于中山 中山鮮虞也 十元

夏五月辛卯司鐸火 司鐸宮名也 十元 待洛反

火踰公宮桓僖災 桓公僖公廟也 十元 救火者

皆曰顧府 言常人愛財也 十元 南宮敬叔至命

敬叔孔子弟

[illegible]愛財也

周人出御書俟於宮敬叔孔子弟子南宮閲也

周人司周書典籍之官也御書進於君者也使待命於宮也

曰庀女而不在死庀具也

子服景伯至命宰人出禮書景伯子服何也宰人冢宰之屬也

以待命〻不共有常刑命也待求之

校[illegible]校人掌馬巾車

命也

人乘馬巾車脂轄校人掌馬巾車掌車乘馬使四

之相從為駕之易百官〻備府庫慎守官

人肅給國有大災恐有變難故慎為備也濟濡帷

幕鬱攸從鬱攸火氣也濡物之於水出用為濟也蒙葺

公屋以濡物冒覆公屋也自大廟始外內以

悛悛次也先尊後助所不給有不

公屋覆公屋也自大廟始外內以

悛悛次也先尊後卑以次救之助所不給有不

用命則有常刑無赦公父文伯至

命校人駕乘車乘車公車也季桓子至

御公立于象魏之外象魏門闕也命救

火者傷人則止財可為也命藏象

魏周禮正月縣教令之法于象魏

火者傷人則止財可爲也命藏象

魏周禮正月縣教令之法于象魏使萬民觀之故謂其書爲象魏也

曰舊章不可亡也富父槐至曰無

備而官辦者猶拾瀋也槐富父終生之後也瀋汁也言不備而責辦不可得也

於是乎去表之

槀表〻火道風所向者去其槀積也

道還公宮開除

稾者去其稾積也 子賜反 十元 道還公宮 本文亦作環戶關反又音患注同 除
道周匝公宮使 孔子在陳聞火曰
火無相連也 十元
其桓僖乎 言桓僖親盡而廟不毀亙為天所災也 十元 劉
氏范氏世為昏姻 婚本 劉氏周卿士范氏晉大夫也 十元
萇弘事劉文公 為之屬大夫也 十元 故周與范
氏趙鞅以為討 責周與范氏也 十元 六月癸卯
周人殺萇弘終遠天大[illegible]

范氏也

周人殺萇弘終遠天之禍也秋季孫有疾

命正常曰無死正常桓子之寵臣也欲付以後事故

勑令勿從己死也南孺子之子男也則以

告而立之南孺子季桓子之妻也言若生男告公而立之

女也則肥也可肥康子也季孫卒康子

在公

[illegible]子也季孫卒康子

即位既葬康子在朝在公朝也南氏生

男正常載以如朝告曰夫子有遺

言命其圉臣曰南氏生男則以告

於君與大夫而立之今生矣男也

敢告遂奔衛康子請退退避位也公使

[illegible]共劉[illegible]

[illegible]亡遂奔衛康子請退（位也）公使

共劉視之（共劉魯大夫也）則或殺之矣乃

討之（討殺者也）召正常正常不反（畏康子也）

（傳備言季氏家事也）冬十月晉趙鞅圍朝歌

師于其南（范中行所在也）荀寅伐其郛（伐其北圍郛）使其徒自北門入已犯師而

荀寅使在外[illegible]之走[illegible]道代

圍　伐其郛自北門入己犯師而

出　荀寅使在外故己之徒擊趙氏

圍之北門因外內攻得出也

癸丑奔邯鄲十一月趙鞅殺士皐

夷惡范氏也　惡范氏而殺其

族言遷怒也

烏路反注同

經四年春王二月庚戌盜殺蔡侯申

蔡侯申 今本皆如此 案宣十七年蔡侯申卒 是文侯也今 昭侯是其 玄孫不容

賤者故稱盜不言

弒其君賤盜也　蔡公孫辰出奔

吳　弒君賊之黨

蔡侯申卒是文侯之今昭侯是其玄孫不容与高祖同名未詳何者誤也

弑其君賊盗也　蔡公孫辰出奔吴弑君賊之黨故書名也　葬秦惠公元　傳宋人執小邾子無傳邾子無道於其民故稱人以執也十九　夏蔡殺其大夫公孫姓公孫霍皆弑君黨　晉人執戎蠻子赤歸于楚晉恥為楚執諸侯故稱人以告若蠻子不道於其民也亦不屬楚故言歸故言歸

無傳魯西

民也赤本屬楚故言歸故言歸

城西郛 無傳魯西郭備晉也 六月辛丑亳社

災 无傳天火也亳社殷社諸侯有之所以戒亡國也 秋八

月甲寅滕子結卒 無傳同盟於皐鼬 冬十

有二月葬蔡昭公 無傳乱故是以緩 葬滕

頃公 無傳

傳四年春蔡昭侯將如吳諸大夫恐

哀公傳

傳四年春蔡昭侯將如呉諸大夫恐

其又遷也承承音懲也蓋楚言也公孫翩逐

而射（食亦反下同）之入於人家而卒翩蔡大夫也以

兩矢門之衆莫敢進翩以矢自守其門文

之鍇（古楷反又古皆反又客駭反）後至鍇蔡大夫也曰如牆而進多

併行如牆

之鍇後至夫也　曰如牆而進
而殺二人　併行如牆俱進也　鍇執弓而先
翩射之中肘鍇遂殺之故逐公孫
辰而殺公孫姓公孫盱　盱即霍也　夏楚
人既克夷虎　夷虎蠻夷叛楚者　乃謀北方
左司馬眅申公壽餘葉公諸梁致
三子楚大夫也此蔡之

左司馬眅申公壽餘葉公諸梁致
蔡於負函三子楚大夫也此蔡之故地人民楚因以為邑
也致之者會其衆也致方城之外於繒關負函
繒關皆楚地曰吳將泝江入郢逆流曰泝將
奔命焉為一昔之期襲梁及霍僞肄
當備吳夜結期明日便襲梁霍使不知之也梁河南梁縣西南故城
[illegible]

眅匃音也

不知之也梁河南梁縣西南故城

也梁南有霍陽山　單浮餘圍蠻氏

皆蠻子之邑也

〻〻潰浮餘楚大夫　蠻子赤奔晉陰地

陰地河南山北自上雒以東至陸渾也　司馬起豐析

與狄戎　楚司馬眅也析縣屬南鄉郡析南有豐鄉皆楚邑也

發此二邑人及戎狄也　以臨上雒左師軍于

菟和　菟和山在　右師軍于倉

及戎狄也

菟和菟和山在上雒東也右師軍于倉野倉野在上雒縣使謂陰地之命大夫士蔑命大夫別縣監尹曰晉楚有盟好惡同之若將不廢寡君之願也不然將通於少習以聽命少習商縣武關也將大開武關道以伐晉也

大開武開道以伐晉
詩照文又如字
也
士蔑請諸趙〻〻曰晉國未
寧安能惡於楚必速與之　未寧時有范中
行之難也
士蔑乃致九州之戎　九州戎在晉陰地
陸渾者也
將裂田以與蠻子而城之　詐
蠻子
且將為之卜　卜城也
蠻子聽卜
也

也　臣將爲之　也　蠻子

遂執之與其五大夫以畀楚師于

三戶（今丹水縣北三戶亭也）司馬致邑立宗

焉以誘其遺民（楚復詐爲蠻子作邑立其宗主也）

而盡俘以歸秋七月齊陳乞弦施

衛甯跪救范氏（陳乞僖子也弦施弦多也）庚午

五鹿晉

衛甯跪救范氏 弦施弦多也 庚午圍五鹿 五鹿晉邑也 九月趙鞅圍邯鄲 冬十一月邯鄲降荀寅奔鮮虞趙稷奔臨 臨晉邑也 十二月弦施逆之遂墮臨國夏伐晉取邢任欒鄗逆畤陰人盂壺口 八邑晉地也欒在趙國平棘縣西北鄗即高邑縣之路縣

具委反　戶江反　許規反　力官反　呼洛反

楚沃反郭璞云蒼鶊　韶吽告反鳳　𦦙云讀硫　硝円

國平棘縣西北鄗即

高邑縣也潞縣東有壺口關會鮮虞納荀寅于

柏人晉邑也今趙國柏人縣也弦施與鮮虞會也

經五年春城毗無傳備晉也夏齊伐宋無傳

晉趙鞅帥師伐衛秋九月癸酉齊

侯杵臼卒再同盟也冬叔還如齊閏月

葬齊景公無

…盟也冬叔還如齊閏月

葬齊景公　無傳

傳五年春晉圍柏人荀寅士吉射奔

齊初范氏之臣王生惡張柳朔言

諸昭子使為柏人　為柏人宰也昭子范吉射也

昭子曰夫非而讎乎對曰私讎不

以公家之…

昭子曰夫非而讎乎對曰私讎不
及公公家之事也好不廢過惡不去善
義之經也臣敢違之及范氏出出柏
人奔齊也張柳朔謂其子爾從主勉之
我將止死王生授我矣授我死節也吾
不可以僭之遂死於柏人為吉射非晉戰
死

不可以僭之遂死於柏人非晉戰死也
夏趙鞅伐衛范氏之故也遂圍
中牟衛助范氏故也齊燕姬生子不成而
死燕姬景公夫人不成未冠也諸子鬻姒之子
荼嬖諸子庶公子也鬻姒景公妾也荼安孺子也諸大
夫恐其為大子也言於公曰君之

夫恐其為大子也言於公曰君之
齒長矣未有大子若之何公曰二
三子間於憂虞則有疾疢亦姑謀
樂何憂於無君景公意欲立荼而未發故以此言塞大夫請
公疾使國惠子高昭子立荼
惠子國夏也昭子高張也寘羣公子於萊萊齊東鄙

昭子高張也寘羣公子於萊東鄙
邑也秋齊景公卒冬十月公子嘉公
子駒公子黔奔衛公子鉏公子陽
生來奔皆景公子在萊者也萊人歌之曰景
公死乎不與埋三軍之事乎不與
謀師乎師乎何黨之乎師衆也黨所也之往
也稱諡蓋葬後而為此

所也之往
也稱諡蓋葬後而爲此
歌哀羣公子失所也
鄭駟秦富
而侈嬖大夫也而常陳卿之車服
於其庭鄭人惡而殺之子思曰詩
曰不解于位民之攸塈
子思子產
子國參也
詩大雅也攸
所也塈息也
不守其位而能久者

所也豎息也……

鮮矣商頌曰不僭不濫不敢怠皇

命以多福僭差也濫溢也皇暇也

言聊秦遠詩商頌故受

禍

也

經六年春城邾瑕無傳備晉也任城亢父縣北有邾婁

城晉趙鞅帥師伐鮮虞吳伐陳夏

……二子阿君廢

晉趙鞅帥師伐鮮虞吳伐陳夏

齊國夏及高張來奔 二子阿君廢長立少詩既受命文不能全書名罪之也

叔還會吳于柤 無傳

秋七月庚寅楚子軫卒 未同盟而赴以名也

齊陽生入于齊 為陳乞所逆故書入也

齊陳乞弒其君荼 弒荼者朱毛與陽生也而書陳乞所以明乞立陽生而荼見弒則禍由乞始之也

弒荼 立試下皆同

而書陳乞所以明乞立陽生而荼見弒則禍由乞始也楚比劫立陳乞流涕子家憚老皆疑於免罪故春秋明而書之以為弒主也

冬仲孫何忌帥師伐邾　無傳

宋向巢帥師伐曹　無傳

傳六年春晉伐鮮虞治范氏之乱也　四年鮮虞納荀寅于柏人

吳伐陳復脩舊怨也

荀寅于柏人吳伐陳復修舊怨也
元年未得 楚子曰吾先君與陳有
志故也
盟不可以不救陳師于城父 陳盟
在昭
十三 齊陳乞僞事高國者 高張國
年 夏受命
立荼陳乞欲害 每朝必驂乘焉所
之故先僞事焉
從必言諸大夫 言其罪 曰彼皆偃
過也
蹇

從必言諸大夫過也曰彼皆偃
蹇將棄子之命偃蹇驕敖皆曰高國得
君得君寵也必偪我盍去諸固將謀子
ゝ早圖之ゝゝ莫如盡滅之需事
之下也需疑也及朝則曰彼虎狼也
見我在子之側殺我無日矣請就
之位欲與諸大夫謀又謂諸

見我在子之側殺我無日矣請就
之位欲與諸大夫謀高國故求就之又謂諸大夫
曰二子者禍矣恃得君而欲謀二
三子曰國之多難貴寵之由盡去
之而後君定既成謀矣盍及其未
作也先諸作而悔後亦無及也大

作也先諸作而後悔亦無及也大
夫從之夏六月戊辰陳乞鮑牧牧鮑
國孫也及諸大夫以甲入于公宮昭
子聞之與惠子乘如公戰于莊敗
高國敗也莊六軌之道也國人追之國夏奔
莒遂及高張晏圉弦施來奔圉晏嬰之

遂及高張晏圉弦施來奔晏圉晏嬰之

子圉施不書非卿也秋七月楚子在城父將

救陳卜戰不吉卜退不吉王曰然

則死也再敗楚師不如死前已敗於柏舉

今若退還亦是敗也棄盟逃讎亦不如死々

一也其死讎乎命公子申為王不

一也其死讎乎命公子申爲王不可則命公子結亦不可則命公子啓申子西結子期啓子閭皆昭王兄也五辭而後許

本文作肆說文云ー不受也受辛宜ー也　肆籒文

將戰王有疾庚寅昭王攻大冥卒于城父大冥陳地吳師所在也子閭退曰君王舍其子而讓羣臣敢忘君乎從

王舍其子而讓群臣敢忘君乎從
君之命順也從命許立君之子亦
順也二順不可失也與子西子期
謀潛師閉塗逆越女之子章立之
而後還潛師密發也閉塗不通外
使也越女昭王妾也章惠王也
是歳也有雲如衆赤鳥夾日以飛

是歲也有雲如衆赤烏夾日以飛
三日楚子使問諸周大史周大史
曰其當王身乎日為人君妖氣守之故以為當王身
雲在楚上唯楚見之
故禍不及他國也若禜之可移
於令尹司馬禜禳祭也王曰除腹心之
疾而寘諸股肱何益不穀不有大

疾而寘諸股肱何益不穀不有大
過天其夭諸有罪受罰又焉移之
遂弗禜初昭王有疾卜曰河為祟
王弗祭大夫請祭諸郊王曰三代
命祀祭不越望諸侯望祀竟內山川星辰也江
漢雎漳楚之望也四水在楚界者也禍福

大道 本或作天道非

夏 戶雅反下注同此語在尚書五子之歌書元帥彼天常一句下亦有異

漢睢漳楚之望也 界者也 禍

之至不是過也不穀雖不德河非

所獲罪也遂弗祭孔子曰楚昭王

知大道矣其不失國也宜哉夏書

曰惟彼陶唐帥彼天常逸書也言堯循天之

常道有此冀方今失其行乱其紀

也

如字又下孟反尚書作厥道乃滅而亡尚書

亡乃底滅亡

也十九有此冀方今失其行亂其紀如字又下孟反尚書作厥道乃滅而亡尚書卞乃底滅亡

綱乃滅而亡滅亡謂夏桀也唐虞及夏同都冀州不易

地而亡由於不知大道故也十九又曰允出茲在茲

由己率常可矣又逸書也言信出己則禍亦在己也十九

八月齊邴意茲來奔高國黨也十九陳僖子

使召公子陽生召在七月今在八月下說事之次也十九

且于齊公

月下記事之次也
陽生駕而見南郭且于且于齊ム子鉏也在
魯南郭曰嘗獻馬於季孫不入於上
乘故又獻此請與子乘之畏在家人閉其
言故欲二人共載以試馬為辞也出萊門而告之
故魯郭門也闞上知之先待諸外闞上陽生
家臣子我也待

故門也闞止知之先待諸外陽生
家臣子我也待公子曰事未可知
外欲俱去也
反與壬也處壬陽生子簡公也戒之遂行
戒使無泄言也逮夜至於齊國人知之故以
昏至不欲令人知也國人知而不言陳氏得衆也僖子使
子士之母養之隱於僖子家内子士母僖子妾也
與饋者皆入陳僖子又令陽生隨

士毋傳子妾也
陳僖子又令陽生隨
與餽者皆入（餽，其位反）餽食之人入處公宮
也
冬十月丁卯立之將盟盟諸大夫也
點之廉反又如字
鮑子醉而往其臣差車鮑點（差，所宣反）鮑點鮑牧
臣也差車主車之官曰此誰之命也陳子曰
受命于鮑子遂誣鮑子曰子之命
已見其醉故包[illegible]

受命于鮑子遂誣鮑子曰子之命
也　見其醉故誣之也　鮑子曰女忘君之爲
孺子牛而折其齒乎而背之也　孺
　之舌反又市列反注同　音佩後皆同
荼也景公嘗銜繩爲牛使荼　子
牽之荼頓地故折其齒也　悼公
稽首　悼公陽生也　曰吾子奉義而行者
也若我可不必亡一大夫　言已可爲君必
不殺鮑

也若我可不必亡一大夫為君必
不恐鮑子也若我不可子不必亡一公
子公子自謂也恐鮑子殺己故要之義則進否則
退敢不唯子是從廢興無以亂則
所願也鮑子曰誰非君之子乃受
盟言陽生亦君之子固可立也使胡姬以安孺
[illegible]胡姬景公妾也顏

子固可立也

子如賴胡姬景公妾也賴齊邑也安號也去鬻姒

荼之母殺王甲拘江說囚王豹于句

竇之丘三子景公嬖臣荼之黨也公使朱毛告

於陳子朱毛齊大夫也曰微子則不及此

然君異於器不可以二器二不匱

然君異於器不可以二器二不匱其位反

君二多難敢布諸大夫傳子不對

而泣曰君舉不信羣臣乎乃旦反舉皆以也

齊國之困〻又有憂內有飢荒之困又有兵革之憂

少君不可以訪是以求長君丁丈反也詩照反

庶亦能容羣臣乎不然夫孺子何孺或本孺子

庶亦能容羣臣乎不然夫孺子何
罪毛復命公悔之　悔共毛曰君大
訪於陳子而圖其小可也　大謂國政小謂
殺荼也　使毛遷孺子於駘不至殺諸
野幕之下葬諸殳冒淳　恐駘人不從故毛
於野張帳而殺之也駘齊邑也殳
冒淳地名也實以冬殺經書秋者

冒淳地若也實以冬殺經書秋者
史書秋訖始事遂連
其死通以冬告魯也

經七年春宋皇瑗帥師侵鄭晉魏曼
多帥師侵衛夏公會吳于鄫鄫今
琅邪
鄫縣
也
秋公伐邾八月己酉入邾以
邾子益來他國言歸於魯言
來內外之辭也
宋人

[illegible]之至者來內外之辭也　宋人
圍曹冬鄭駟弘帥師救曹
傳七年春宋師侵鄭鄭叛晉故也　定八年鄭始叛
晉師侵衛衛不服也　五年晉伐衛至今未服
夏公會吳于鄫　吳欲霸中國　吳來
徵百牢子服景伯對曰先王未之
有也吳人曰宋百牢我　是時吳過

徵百牢子服景伯對曰先王未之
有也吳人曰宋百牢我是時吳過宋得百牢
也魯不可以後宋且魯牢晉大夫
過十（晉大夫范鞅也在昭二十一年）吳王百牢不
亦可乎景伯對曰晉范鞅貪而棄
禮以大國懼敝邑故敝邑十一牢

礼以大國懼敝邑故敝邑十一牢
之君若以礼命於諸侯則有數矣
有常數
若亦棄礼則有淫者矣淫過也
周之王也制礼上物不過十二上物
天子之牢也
以為天之大數也天有十二次故
制礼象之也
今棄周礼而曰必百牢亦

之也

唯執事吳人弗聽景伯曰吳將亡

矣弃天而背本違周為背本不與必弃

疾於我放弃為疾來伐擊我也乃與之大宰

嚭召季康子嚭吳大夫也康子使子貢

辭大宰嚭曰國君道長言君長大於道路也

辭大宰嚭曰國君道長於道路也

而大夫不出門此何礼也對曰豈

以為礼畏大國也畏大國不敢慮國盡行也大

國不以礼命於諸侯苟不以礼豈

可量也寡君既共命焉其老豈敢

棄其國太伯端委以治周礼仲雍

弃其國太伯端委以治周礼仲雍
嗣之斷髮文身臝以為飾豈礼也
哉有由然也大伯周大王之長子也仲雍大伯弟也太
伯仲雍讓其弟季歷俱適荊蠻遂
有民衆太伯卒無子仲雍嗣立不
能行礼致化故效吳俗言其權時
制宜以辟災害非以為礼也端委
礼衣也反自鄫以吳為無能為也弁礼
知其不

也

知其不能霸也季康子欲伐邾乃饗大夫以謀之子服景伯曰小所以事大信也大所以保小仁也背大國不信大國吳也伐小國不仁民保於城〻保於德失二德者危將焉保二德信與仁也

於[illegible]此二[illegible]者[illegible]與仁也

孟孫曰二三子以為何如拯諸大夫不言故指問之也

惡賢而逆之孟孫賢景伯欲使大夫不逆其言也惡猶安也

對曰禹合諸侯於塗山

執玉帛者萬國諸大夫對也諸侯執玉附庸執帛塗山在壽春東北

今其存者無數十焉唯大

言諸侯相伐

春東北今其存者無數十焉唯大不字小〻不事大也言諸侯相伐古來以然也知必危何故不言知伐邾必危自當言今不言者不危故也大夫以荅孟孫所恠且阿附季孫也魯德如邾而以衆加之可乎孟孫忿荅大夫今魯德無以勝邾但欲恃衆可乎言不可也不樂而出季孟意異佞直不同故秋伐邾及范門邾郭門

柝 音託 以兩木相擊以行夜也 字又作欜

子言不可也[illegible]異俟直

不同欲罷饗食也 秋伐邾及范門 邾郭門也 猶聞

鍾聲 邾不樂寇也 大夫諫不聽茅成子

請告於吳 成子邾大夫茅夷鴻也 不許曰魯

擊柝聞於邾 聞 音問又如字 言以近也 吳二千里不三

月不至何及於我且國內豈不足

言足以[illegible]……高平西南有

民邾至何及於我且國內豈不足
言足以距魯也
成子以茅叛
高平西南有茅鄉亭也
師遂入邾處其公宮衆師晝掠
虜掠
取財物也
邾衆保于繹
繹邾山也在鄒縣北也
師宵掠以邾子益來
益邾隱公也晝夜掠傳言康子無法
獻于亳社
以其亡國與殷同也
囚諸負瑕
負瑕魯邑也高平

法扁之[illegible]與殷同也[illegible]

々々故有繹負瑕魯邑也高平
南平陽縣西北有
瑕丘城前者魯得邾之繹民使
在負瑕故使相就以辱之也邾
茅夷鴻以束帛乘（繩證反下反注同）韋自請救於吳
無君命故
言自也
曰魯弱晉而遠吳馮（皮冰反注同）恃
馮依
其衆也而背君之盟辟（匹亦反注同）君之執

僻本作

[illegible]辟陋又長[illegible]

事辟陋以陵我小國邾非敢自愛也
懼君威之不立君威之不立小
國之憂也若夏盟於鄫衍鄫衍即鄫也鄫
盟不書吳行夷禮之儀不典
非所以結信義故不録也秋而
背之成求而不遠言魯成其所求無遠逞也四

方諸侯其何以事君且魯賦八百乘君之貳也〔貳敵也魯以八百乘之賦貢于吳言其國大也〕邾賦六百乘君之私也〔爲私屬也〕以私奉貳唯君圖之吳子從之〔爲明年吳伐我傳也〕宋人圍曹鄭桓子思曰宋人有曹鄭之患也不可以不救〔桓謚〕

傳也宋人圍曹鄭桓子思曰宋人
有曹鄭之患也不可以不救（桓謚也）
冬鄭師救曹侵宋初曹人或夢衆
君子立于社宮（社宮社也）而謀亡曹
叔振鐸請待公孫彊許之（振鐸曹始祖也）
且而求之曹無之戒其子曰我死

旦而求之曹無之戒其子曰我死
爾聞公孫彊為政必去之及曹伯
陽即位好（呼報反下同）田弋（以職反繳射也）曹鄙人公孫彊好
弋獲白鴈獻之且言田弋之說〻（如字　上說下大）
之因訪政事大說之有寵使為司
城以聽政夢者之子乃行彊言霸

城以聽政夢者之子乃行彊言霸

說於曹伯々々從之乃背晉而奸

（如字一音始銳反）

宋々人伐之晉人不救築五邑於

其郊曰黍丘揖丘大城鍾邘為明年入

曹傳也梁國下邑縣

西南有黍丘亭

經八年春王正月宋公入曹以曹伯

陽歸曹人背晉而奸宋是以致討

經八年春王正月宋公入曹以曹伯
陽歸曹人背晉而奸宋宋是以致討
宋公既還而不忍褚師之詬
怒而反兵一擧滅之非
本志故以入告也
呉伐我夏齊
人取讙及闡不書伐兵未加而魯
与之邑也闡在東平
剛縣
北也
歸邾子益于邾秋七月冬十
有二月癸亥杞伯過卒無傳未同
盟而赴以

有二月癸亥杞伯過卒盟而赴以

名齊人歸讙及闡不言來命歸之無指使也

傳八年春宋公伐曹將還褚師子肥

殿子肥宋大夫也曹人詬之不行詬詈辱也不行

殿兵上也師待之公聞之怒命反之遂

滅曹執曹伯陽及司城彊以歸殺

冬曹人之

執曹伯陽及司城彊以歸殺

之終曹人之夢也吳為邾故將伐魯問於

叔孫輒問可伐不也輒故魯人也叔孫輒對曰

魯有名而無情有大國名無情實伐之必

得志焉退而告公山不狃不狃亦故魯人

也

公山不狃曰非禮也君子違不

適讎國[illegible]

適讎國遠奔亡也未臣而有伐之奔命
焉死之可也未臣所適之國若有伐本國者則可還奔
命死其所託也則隱曾所曰託則為之隱惡也
難乃旦反也
且夫人之行也下孟反又如字不以所惡烏路反又如字注同廢鄉不以
其私怨惡廢其
其鄉黨之好也惡呼報反下文惡同
今子以小惡而欲

其鄉黨之好也今子以小惡而欲
覆宗國不亦難乎輒魯公族故謂之宗國也若
使子率子必辭王將使我子張病
洩息列反又作泄
之子張輒也王問於子洩子洩不狃也不對曰
魯雖無與立緩時若無能自立也必有與斃
急則人〻知懼皆將同死戰也諸侯將救之未可

皆將同死轍也……
以得志焉晉與齊楚輔之是四讎也與魯而四也
夫魯齊晉之脣々亡齒寒君所知也不救何為三月吳伐
我子泄率故道險從武城故由險道欲使魯成備也
初武城人或有因於吳境田焉僑田吳
拘鄫人之漚菅者曰何

備也初武城人或有因於吳竟田
焉僑田吳界也拘鄫人之漚菅者曰何
滋 音慈本又作玆子絲反字林玄黑也
故使吾水滋鄫人亦僑田吳滋濁也及吳師
至拘者道之以伐武城克之鄫人敎吳
必可克也王犯嘗為之宰澹臺子羽之
父好焉國人懼王犯吳大夫故嘗奔魯為武城宰澹
臺子羽武城人孔子弟子也其父

之宰王犯[illegible]奔魯為武城宰澹
臺子羽武城人孔子弟子也其父
與王犯相善國人懼其為內應也
懿子謂景伯若之何對曰吳師來
斯與之戰何患焉且召之而至又
何求焉言犯盟伐邾所以召吳吳師克東陽
而進舍於五梧明日舍於蠶室三邑
魯地

而進舍於五梧明日舍於蠶室　邑

魯地　公賓庚公甲叔子與戰于夷

也

獲叔子與析朱鉏　公賓庚公甲叔子并析朱鉏為　星歷反注及下同

三人皆同車者　獻於王王曰此同

也傳互言之

車必使能國未可望也　同車能俱

死是國能

使人敬不　明日舍于庚宗遂次於

可望得也

可望得也
泗上微虎欲宵攻王舍微虎魯大夫也私
屬徒七百人三踊於幕庭於帳前設格令
士試躍之也卒三百人有若與焉卒終也終
得三百人任行也有若孔子弟子與在三百人中也及稷門
之內三百人行至稷門或謂季孫曰不足

內至稷門或謂季孫曰不足
以害吳而多殺國士不如已也乃
止之吳子聞之一夕三遷畏微虎也吳
人行成求與魯成也將盟景伯曰楚人
圍宋易子而食析骸而爨在宣十五年
猶無城下之盟我未及虧而有城

猶無城下之盟我未及虧而有城下之盟是棄國也吳輕而遠不能久將歸矣請少待之弗從景伯負載造於萊門以言不見從故負載書將欲出盟也乃請釋子服何於吳吳人許之以王子姑曹當之而後上釋舍也魯人不以盟為了欲因留景伯為質今吳既尋盟之

之女曹[illegible]不以盟為了
欲因留景伯為質於吳既得吳之
許後求吳王之子以交質吳人不
欲留王子故吳人盟而還不書盟
遂兩止也　恥吳夷
也　齊悼公之來也在五年季康子以
其妹妻之即位而逆之季魴侯通
焉　魴侯康子叔父也　女言其情弗敢與也
齊侯怒夏五月齊鮑牧帥師伐

叔父也

齊侯怒夏五月齊鮑牧帥師伐我

取讙及闡或諸胡姬於齊侯　胡姬景公

妾也　曰安孺子之黨也六月齊侯殺

胡姬　傳言齊侯無道所以不終也　齊侯使如吳

請師將以伐我乃歸邾子　齊未得季姬故

請師也吳前為邾討魯

請師將以伐我乃歸邾子〔季姬故請師也吳前爲邾討魯ゝ懼二國同心故歸邾子也〕邾子又無道吳子使大宰子餘討之〔子餘太宰嚭也〕囚諸樓臺栫之以棘〔栫雍也〕使諸大夫奉大子革以爲政〔革邾太子桓公也爲十年邾子來奔傳也〕秋及齊平九月臧賓如

来奔傳也
齊涖盟賔如臧會子也齊閭丘明来涖
盟明閭丘嬰之子也盟不書諱略之且逆季姬以
歸嬖季姬魴侯所進者也鮑牧又謂羣公子
曰使女有馬千乘乎有馬千乘使為君也鮑牧
夲不欲立陽生故諷動羣公子也公子愬之公謂
鮑子或譖子子姑居於潞以察之

諷（方鳳反）動羣公子也　公子愬之言

鮑子或譖子子姑居於潞以察之

潞齊邑也　若有之則分室以行若無之

則反子之所出門使以三分之一

行半道使以二乘及潞麇（紅隕反）之以入

遂殺之　麇束縛也　冬十二月齊人歸

…縛也　冬十二月齊人歸

讙及闡季姬嬖故也

經九年春王二月葬杞僖公無傳三月而葬速

宋皇瑗帥師取鄭師于雍丘書取也覆而敗之雍丘縣屬陳留

夏楚人伐陳秋宋公

伐鄭冬十月

伐鄭冬十月

傳九年春齊侯使公孟綽辭師于吳

齊與魯平故　吳子曰昔歲寡人聞

辭吳師也　命今又革之不知所從將進受命

於君（為十年吳伐齊傳也）鄭武子賸之嬖許

瑕求邑無以與之（賸罕達也瑕武子之屬也）請

瑕求邑無以與之武子之屬也請

外取許之瑕請取於他國也故圍宋雍丘

宋皇瑗圍鄭師許瑕師也每日遷舍壘

塹成輒徙舍壘合鄭師哭子姚救

合其圍也

之大敗子姚武子賸也二月甲戌宋取鄭

師于雍丘使有能者無死惜其能也以

師于雍丘使有者無死　能也

郟張與鄭羅歸　鄭之有能者也　夏楚人伐陳　陳即吳故也　宋公伐鄭　報雍丘　秋　吳城邗溝通江淮　於邗江築城穿溝東北通射陽湖西北至末口入淮通糧道也今廣陵韓江是也　晉趙鞅卜救鄭遇水適火　水火之兆也　占諸史

皆晉

卜救鄭遇水適火兆也
趙史墨史龜皆晉史也史龜曰是謂沈
陽大陽得水故沈也可以興兵兵陰類也故可以興
兵也利以伐姜不利子商姜齊姓也子商謂宋
也伐齊則可敵宋不吉史墨曰盈
水名也子水位也趙鞅姓盈宋姓子水盈坎乃行
子姓又得北

火也之水位也子水盈坎乃行
子姓又得北方水位也名位敵不可干也二水
俱盛故言不可干也炎帝為火師神農有火瑞以火名
官也姜姓其後也水勝火伐姜則可
史趙曰是謂如川之滿不可游也
既盈而得水位故為如川之滿不可馮游言其波流盛也鄭方
有罪不可救也鄭以嬖寵伐人故

滿不可湛游言其波流盛也鄭方
有罪不可救也鄭以嬖寵伐人故以為有罪也救
鄭則不吉不知其他救鄭則當伐宋故不吉也
陽虎以周易筮之遇泰䷊乾下坤上泰也
之需䷄乾下坎上需之泰六五爻變也曰宋方吉
不可與也不可與戰也泰六五曰帝乙歸妹以祉元吉帝
乙紂父也五為天子故稱帝乙長

帝乙歸妹以祉元吉帝
乙紂父也五為天子故稱帝乙隠
而得中有似王者嫁妹得如其願
受福祿而微子啓帝乙之元子也
大吉也
宋鄭甥舅也宋鄭為婚姻甥舅之
國也宋為微子之後
今卜得帝乙之卦故以為宋吉也
祉祿也若帝乙
之元子歸妹而有吉祿我安得吉
吉在彼則我伐

之元子歸妹而有吉祿我安得吉
焉乃止吉在彼則我伐之為不吉也冬吳子使
來儆師伐齊前年齊与吳謀伐魯齊既与魯成而止故
吳恨之反与魯謀伐齊也

經
十年春王二月邾子益來奔公會
吳伐齊書會從不與謀也三月戊戌齊侯
陽生卒以疾赴故

[illegible]與謀也　三月戊戌齊侯

陽生卒以疾赴故不書弑　夏宋人伐鄭無傳

晉趙鞅帥師侵齊五月公至自伐

齊无傳　葬齊悼公无傳　衛公孟彄自齊

歸于衛無傳書歸齊納之也　薛伯夷卒無傳赴以

名故書　秋葬薛惠公無傳　冬楚公子結

[illegible]季子不書陳人

書

帥師伐陳吳救陳季子不書陳人來告不以名也

傳十年春邾隱公來奔齊甥也故遂

奔齊終子貢之言也公會吳子邾子郯子

伐齊南鄙師于鄎鄎齊地也邾郯不書兵并屬吳

不列於諸侯也齊人弑悼公赴于師以說吳也

諸侯也[illegible]人[illegible]之[illegible]自吳也

吳子三日哭于軍門之外徐承帥

舟師將自海入齊齊人敗之吳師

乃還承吳大夫也夏趙鞅帥師伐齊經書

侵以侵告也大夫請卜之趙孟曰吾卜

於此起兵謂往歲卜伐宋不吉利以伐姜故今興兵也

事不再令卜不襲重直龍反又直用反

於山東以伐姜故今興兵也
事不再令再令瀆也卜不襲吉襲重也行
也於是乎取犂及轅犂一名隰濟南有隰陰縣
祝阿縣西有轅城也毀高唐之郭侵及賴
而還秋吳子使來復儆師伐齊未得志故
也為明年吳伐齊傳冬楚子期伐陳陳即吳故也

呉伐齊傳……故也

呉延州來季子救陳謂子期曰二君不務德而力爭諸侯民楚也何罪焉我請退以為子名務德而安民乃還季子呉王壽夢少子也壽夢以襄公十二年卒至今七十七歲壽夢卒季子已能讓國年當十五六至今蓋將九十餘也

十五六至今蓋將九十餘也

經十有一年春齊國書帥師伐我夏陳轅頗（破可反又普何反）出奔鄭書名貪也五月公會吳伐齊甲戌齊國書帥師及吳戰于艾陵（五盖反）齊師敗績獲齊國書公與伐而不與戰也艾陵齊地也秋七月辛酉滕子虞母無傳赴以名

齊地也

卒無傳赴以名故書之也冬十有一月葬滕

隱公無傳衛世叔齊出奔宋書名淫也

傳

十一年春齊為（于偽反）鄎故鄎在前年國書高

無丕（普悲反）帥師伐我及清清齊地也濟北盧縣東有

清亭季孫謂其宰冉求冉求魯人孔子弟子也

齊師在清必魯故也若之何

亭[illegible]子弟子也

曰齊師在清必魯故也若之何冉

求曰一子守二子從公禦諸竟季

孫曰不能自度力不能使二子禦諸境也求曰居

封疆之間封疆境內近郊之地也季孫告二

子二子叔孫孟孫也二子不可求曰若不

孟孫也

可則君無出一子帥師背城而戰

不屬者非魯人也（屬臣屬也言不戰為不臣也）

魯之羣室衆於齊之兵車（羣室都邑居家）

也一室敵車優矣子何患焉二子

之不欲戰也宜政在季氏（言二子恨季氏）

專政故不

之不欲戰也宜政在季氏（恨季氏專政故不盡力也）當子之身齊人伐魯而不能戰子之恥也大不列於諸侯矣季孫使從於朝（使冉求隨己俟之公朝也）俟於黨氏之溝（黨氏溝朝中地名也）武叔呼而問戰焉（問冉求也）對曰君子有遠慮小

問戰焉求也對曰君子有遠慮小
人何知懿子強問之對曰小人慮
材而言量力而共者也言子所問非己材力
所及故不能言也武叔曰是謂我不成丈
夫也知冉求非己不欲戰故不對也退而蒐乘蒐閱
孟孺子泄帥右師孺子孟懿子之子武伯彘也

孺子洩帥右師　子武伯彘也

顏羽御邴泄為右　二子孟氏臣也　冉求帥

左師管周父御樊遲為右　樊遲魯人孔子弟子樊須也

季孫曰須也弱有子曰就

用命焉　雖年少能用命也有子冉求也　季氏之甲

七千冉有以武城人三百為已徒

三　步卒精

七千冉有以武城人三百為己徒

卒子忽反注同

卒步卒精兵也老幼守宮次于雩門之

外南城門也五日右師從之五日乃從言不欲戰

也公叔務人務人公為昭公子也見保者而

繇本或作徭同古遙

泣保守城者也曰事充繇役煩也政重賦稅多也

上不能謀士不能死何以治民吾

既言之矣敢不勉乎既言人不能

上不能謀士不能死何以治民吾
既言之矣敢不勉乎既言人不能死已不敢不
死也師及齊師戰于郊齊師自稷曲
稷曲郊地名也師不踰溝樊遲曰非不能
也不信子也請三刻而踰之與衆三刻
約信也如之衆從之如樊遲言乃踰溝也師入

也　乃踰溝也

齊軍冉求之師也右師奔齊人從之逐右

師也陳瓘(古喚反)陳莊涉泗二陳齊大夫也孟之側

後入以為殿(丁練反)之側孟氏族也字反抽(勑留反)矢策(初革反本或作筴)其

馬曰馬不進也不欲伐善也林不狃之

伍曰走乎不狃魯士也五人為伍敗而欲走也不狃

我不如誰

伍之…為伍敗而欲走也…不狃
曰誰不如我不如誰而欲走之乎曰然則上乎
不狃曰惡賢言上戰惡足為賢皆無戰志也徐步
而死徐行而死言魯非無壯士但季孫不能使也師獲
甲首八十冉求所得也齊人不能師不能
整其師也宵諜曰齊人遁諜間人也冉有請
從之三季孫弗許孟孺子語人曰

師也諜言曰齊人遁（徒困反）也冉有請

從之三季孫弗許孟孺子語（魚據反）人曰

我不如顏羽而賢於邴洩　二人與孟孺子同車者也

子羽銳敏　子羽顏羽也銳精也敏疾也言欲戰也

我不欲戰而能默（本又作嘿亡北反）　心雖不欲口不言奔也

洩曰驅之　言驅馬欲奔也

公為與其嬖（必計反）僮（本亦作童音同）

殤 方商反 八歲至十九歲爲下

洩曰驅之欲奔也公爲與其嬖僮

汪錡乘皆死皆殯皆俱孔子曰能

執干戈以衛社稷可無殤也時人疑童

子當殤也冉有用矛於齊師故能入其

軍孔子曰義也言能以義勇也不書戰不皆陳也不

書敗勝負不殊也

夏陳轅頗出奔鄭初轅

腶脯　下乱反　字亦作鍛　加薑桂曰腶脯也

不殊也　夏陳轅頗出奔鄭初

頗為司徒賦封田以嫁公女　封内之田

悉賦稅之也　有餘以為己大器　大器鐘鼎之屬

也　國人逐之故出道渴其族轅咺

進稻醴粱糗腶脯焉　糗乾飯也　以稲米為醴酒　糗起九反　以粱米為之　喜曰何

其給也對曰器成而具　具此醴糗也　曰

何不吾諫對曰懼先行　恐言不從

其……模也

何不吾諫對曰懼先行恐言不從先見逐也

為郊戰故公會吳子伐齊欲以報也五

月克博壬申至于嬴博嬴齊邑也二縣皆屬泰

山中軍從王吳中軍也胥門巢將上軍

王子姑曹將下軍展如將右軍三將

吳大……

王子姑曹將下軍展如將右軍將
吳大夫也齊國書將中軍高無丕將上軍
軍宗樓將下軍陳僖子謂其弟書
曰爾死我必得志書子占也欲獲死事之功也
宗子陽與閭丘明相厲也相勸厲致死也
子陽宗樓也桑掩胥御國子國子國書也公

樓也　桑掩胥御國之　書也

公孫夏曰二子必死　夏亦衛勉之　將戰公孫夏命其徒歌虞殯　虞殯送葬歌曲示必死也　陳子行命其徒具含玉　子行陳逆也具含玉亦示必死也　公孫揮命其徒曰人尋約吳髮短　約繩也八尺為尋吳髮短欲以繩貫其首也　東郭

三戰夷

吳髮短欲以繩貫其首也

書曰三戰必死於此三矣　三戰夷儀五氏與今

使問弦多以琴　弦多齊人也六年奔晉問遺也

曰吾不復見子矣　言將死戰也

陳書曰此行也吾聞鼓而已不聞金矣　鼓以進軍金以退軍不聞金言將死也

傳言吳師彊齊人皆自知將

強本長　彊才長

死也傳言吳師彊齊人皆自知將敗也

甲戌戰于艾陵展如敗高子齊上軍敗也

國子敗胥門巢吳上軍亦敗也王卒

助之大敗齊師獲國書公孫夏閭

丘明陳書東郭書革車八百乘甲

首三千以獻于公公以兵從故將以勞公也

…叔孫武叔…

以勞公也
戰。吳子呼叔孫。叔孫武叔州仇也曰：而事
何也。問何職也對曰：從司馬。從吳司馬所命也
王賜之甲劍鈹，曰：奉爾君事，敬無
廢命。叔孫未能對。衛賜進。賜子貢孔子弟
子也對曰：州仇奉甲從君而拜。拜受之
歸於齊

也　之

公使大史固歸國子之元歸於齊元首

也具以寘之新篋褽之以玄纁褽

獻薦也之跛反　苦協反　古尉別本作以玄纁　許元反本又作熨

也加組帶焉寘書于其上曰天若

不識不衷何以使下國言天識不善故殺國

子也具將伐齊越子率其衆以朝焉

呉將伐齊越子率其衆以朝焉

也

王及列士皆有饋賂呉人皆喜唯

子胥懼曰是豢呉也夫　豢養也若人養犧牲非愛之將殺之也

諫曰越在我心腹之疾

也壤地同而有欲於我　欲得呉也　夫其

柔服求濟其欲也不如早從事焉

從事焉

柔服求濟其欲也不如早從事焉
從事擊之也得志於齊猶獲石田也無
所用之石田不可耕也越不為沼吳其泯
矣使醫除疾而曰必遺類焉者未
之有也盤庚之誥曰其有顛越不
共則劓殄無遺育無俾易種于茲

共則劓殄無遺育無俾易種于茲

邑盤庚商書也顛越不共從橫不
義命者也劓割也殄絶也育長
也俾使也易種
轉易種類也是商所以興也今

君易之將以求大不亦難乎弗聽

使於齊屬其子於鮑氏為王孫氏

私使人至齊屬其子改姓
為王孫欲以避呉禍也反役王

艾陵役也

於王孫欲以避呉禍也

聞之使賜之屬鏤以死艾陵役也屬鏤劍名也

將死曰樹吾墓檟檟可材也呉其亡乎三年其始弱矣盈必毀天之道也越人朝之伐齊勝之乃盈之極也爲十三年越伐呉起也

秋季孫命脩守備曰小勝大禍

秋季孫命脩守備曰小勝大禍也齊至無日矣善有備也冬衛大叔疾出奔宋疾即齊也初疾娶于宋子朝子朝宋人仕衛為大夫其娣嬖娣所娶女之娣也子朝出出奔也孔文子使疾出其妻而妻之疾使侍人誘其初妻之娣寘於犂

姑 其乞反 又其吉反

之疾使侍人誘其初妻之娣寘於
犂犂衛邑也而為之一宮如二妻文子
怒欲攻之仲尼止之遂奪其妻或
淫于外州外州人奪之軒以獻外州
衛邑也軒車也以獻於君也恥是二者故出衛
人立遺使室孔姑遺疾之弟也孔姑孔文子女疾
之妻……為宋向……

人立遺使室孔姞孔文子女疾
之妻
也
疾臣向魋為宋向魋臣也納美珠焉
與之城鉏城鉏宋邑也宋公求珠魋弗與
由是得罪及桓氏出出在十四年城
鉏人攻大叔疾衛莊公復之聽使還也
使處巢死焉殯於鄖葬於少禘終言
疾之失所也巢鄖

使處巢死焉殯於鄖葬於少（詩照反）禘（大計反）

疾之共所也巢鄖
少禘皆衛地也

初晉悼公子憖（魚覲反　一作整）亡在衛使其女僕而田

僕御田
獵也

大叔懿子止而飲之酒

懿子大
儀之孫也

遂聘（四政反）之生悼子

悼子大
叔疾也

悼子即位故夏（戸雅反下同）戊為大夫

夏戊悼子
之甥也

悼子亡衛

征領反　於鴆反

叐戊爲大夫 之甥也 悼子亡衛
人翦叐戊 翦削其爵邑也 孔文子之將攻
大叔也訪於仲尼〻〻曰胡簋之
事則嘗學之矣 胡簋礼器名也叐曰胡周曰簋 甲
兵之事未之聞也退命駕而行曰
鳥則擇木〻豈能擇鳥 以鳥自喩也 文

喩也

子遽止之曰圉豈敢度其私訪衛

國之難也圉文子名度謀也將止仲尼魯上也

人以幣召之乃歸於是自衛反魯樂正雅頌各得

其所季孫欲以田賦丘賦之法曰其田財通出

也馬一疋牛三頭今欲別其田

及家財各爲一賦故言田賦使冉

及家財各爲一賦故言田賦
有訪諸仲尼ゝゝ曰丘不識也三
發（三發問也）卒曰（卒終也）子爲國老待子
而行若之何子之不言也仲尼不
對（不答也）而私於冉有曰君子之行
也（行政事也）度於禮施取其厚事舉其

也
事也度於禮施取其厚事舉其
中斂從其薄如是則以丘亦足矣
丘十六井出戎馬一匹
牛三頭是賦之常法也若不度於
禮而貪冒無厭則雖以田賦將又
不足且子季孫若欲行而法則有
周公之典在若欲苟而行之又何
訪焉弗聽為明年用

周公之典在若欲苟而行又何訪焉弗聽為明年用田賦傳也

經

十有二年春用田賦直書之者以示改法重賦也

夏五月甲辰孟子卒魯人諱娶同姓謂之孟子春秋不改所以順時也

公會吳于橐皐橐皐在淮南逡遒縣東南

秋公會衛侯宋皇瑗于鄖發陽也廣陵海陵

適縣東南

鄖鄖發陽也廣陵海陵
縣東南有發繇口也宋向巢帥

師伐鄭冬十有二月螽周十二月
今十月也

是歲應置閏而失不置雖書十二
月實今之九月司歷誤一月也九

月之初尚溫
故得有螽也

傳十二年春王正月用田賦終前年
事也

事也
夏五月昭夫人孟子卒昭公娶于
呉故不書姓諱娶同姓故謂之死
不赴故不稱夫人孟子若宋女也不稱夫人故不
反哭故不言葬小君不言薨也反哭者夫人礼也以同姓
故不成其夫人喪也孔子與弔適季氏
不絻放絰而拜孔子始老故與弔

夫人喪也　孔子與弔適季氏
不絻放絰而拜孔子始老故與弔
也絻喪冠也孔子
以小君禮往弔季孫不服　公會吳
喪故去絰從主節制也
于槖皐吳子使大宰嚭請尋盟　尋鄫
盟　公不欲使子貢對曰盟所以周
也
信也　周固也　故心以制之　制其義也　玉帛
奉贄明⋯結⋯其

以奉之奉贄明神也言以結之結其信明

神以要之要以禍福也寡君以為苟有

盟焉弗可改也已若猶可改也日

盟何益今吾子曰必尋盟若可尋

也亦可寒也尋重也寒歇也乃不尋盟呉

カサヌル有リ
コヨスハツヽスナリ此說叶二義意

也亦可寒也寒歇也許謁反乃不尋盟吳
徵會于衛初衛人殺吳行人且姚子餘反而
懼謀於行人子羽子羽衛大夫也
曰吳方無道無乃辱吾君不如止
也子木曰吳方無道子木衛大夫也國無
道必弃疾於人吳雖無道猶足以
患衛

[illegible]疾於人吳雖無道猶足以

患衛為衛患也往也長木之斃無不摽數蕭反又普交反

也摽擊也國狗之瘈吉世反無不噬市制反也瘈狂也噬

齧五結反本或作嚙也而況大國乎秋衛侯會吳于鄖

公及衛侯宋皇瑗盟盟不書畏吳竊盟也而

卒辭吳盟吳人藩方元反注及下同衛侯之舍藩籬力知反也

卒辭吳盟吳人藩（方元反注及下同）衛侯之舍也
子服景伯謂子貢曰夫諸侯之會
事既畢矣侯伯致禮地主歸餼（許氣反）侯伯
致禮以禮賓也地主所會主人也餼生物也以相辭也
荅以禮相辭讓也今吳不行禮於衛而藩
其君舍以難（乃旦反）之難苦困也子盍（戶臘反）見大宰
力以路……右

其君舍以難之（乃旦反）困也子盍（戶臘反）見大

乃請束錦以行以賂呉也語及衛故若本

不為（于僞反）衛請者也大宰嚭曰寡君願事衛君

衛君之來也緩寡君懼故將止之

止執也子貢曰衛君之來必謀於其

衆〻〻或欲或否是以緩來其欲

來者子之黨也其不欲來者子之讎

衆或欲或否是以緩来其欲
来者子之黨也其不欲来者子之讎
也若執衛君是墮黨而崇讎也墮
許規反注及下同
也　夫墮子者得其志矣且合諸侯　毀
而執衛君誰敢不懼墮黨崇讎而
懼諸侯或者難以霸乎大宰嚭説
音悅下同
乃舍衛侯衛侯歸效夷言

懼諸侯或者難以霸乎大宰嚭說
乃舍衛侯〻〻歸效夷言子之尚
幼子之公孫彌牟也　曰君必不免其死於
夷乎執焉而又說其言從之固矣
出公輒後卒死於越　冬十二月螽季孫問諸
仲尼〻〻曰丘聞之火伏而後蟄
火心星也火伏

仲尼曰丘聞之火伏而後蟄者畢火心星也火伏在今十月也令火猶西流司曆過也猶西流言未盡沒知是九月曆官失一閏也釋例論之備矣宋鄭之間有隙地焉隙地閒田也曰彌作頃丘玉暢嵒戈錫凡六邑也子產與宋人為成曰勿有是倶棄之

子產與宋人爲成曰勿有是

及宋平元之族自蕭奔鄭在定十五年

鄭人爲之城嵒戈錫城以處平元之族也九

月宋向巢伐鄭取錫殺元公之孫

遂圍嵒十二月鄭罕達救嵒丙申

圍宋師此事經在十二月蓋上今倒在下更具列其月以爲

別者征明本不以爲

[illegible]侯在下更具列其月以爲
別皆丘明本不以爲義例故不皆齊同也

經十有三年春鄭罕達帥師取宋師于嵒書取言易而敗之夏許男成卒無傳公會晉侯及吳子于黃池陳留封丘縣南有黃亭近濟水夫差欲霸中國尊天子自去其僭號而稱子以告令諸侯故史承而書

楚公子申帥師伐陳無

其僭號而稱子以告令諸侯故
義而書　楚公子申帥師伐陳　無傳　於
之也
越入吳秋公至自會　無傳　晉魏曼多
帥師侵衛　無傳　葬許元公　無傳　九月螽
無傳書　冬十有一月有星孛于東
災也
無傳平旦衆星皆沒而孛　盜殺
方乃見故不言所在之次也
陳夏區夫　無傳稱盜

……賢故不書……之次也

陳夏區夫無傳稱盜非大夫也十有二月螽無傳前年季孫雖聞仲尼之言而不正歷失閏至此年故復十二月螽實十一月也

傳十三年春宋向魋救其師救前年圍嵒師也鄭子賸使徇曰得桓魋者有賞

魋之逃歸遂取宋師于嵒獲成讙

鄭子賸使徇曰得桓魋者有賞
魋也逃歸遂取宋師于嵒獲成讙
郜延二子宋大夫也以六邑為虛空虛之各不有
也夏公會單平公晉定公吳夫差
于黃池平公周卿士也不書尊之不與會也六月丙
子越子伐吳為二隧隧道也疇無餘

于越子伐呉爲二隧 音遂 也 疇無餘

謳陽 烏侯反 自南方 二子越大夫也 先及郊呉太

子友王子地王孫彌庸壽於姚自

泓 烏宏反 上觀之 觀越師也 泓水名也 彌庸見姑蔑 土結反

之旗 音其 姑蔑越地今東陽大末縣也 曰吾父之旗

也 彌庸父爲越所獲故姑蔑人得其旗旗也 不可以見

大 音泰孟康云一音闥

也姑蔑人得其旗旟也不可以見

讎而弗殺也太子友曰戰而不克

將亡國請待之彌庸曰不可屬徒

五千屬會也王子地助之乙酉戰彌

庸獲疇無餘地獲謳陽越子至王子

地守丙戌復戰大敗吳師獲太子

地吳丙戌復戰大敗吳師獲太子
友王孫彌庸壽於姚地守故不獲也丁亥
入吳吳人告敗于王王惡其聞也
惡諸侯聞之自剄七人於幕下以絶口也秋
七月辛丑盟吳晉爭先爭歃血先後也吳
人曰於周室我為長吳為大伯後故為長也

為
侯

歃　所洽反　又所甲反
長　丁丈反　注並同

人曰於周室我爲長　故爲長也

晉人曰於姬姓我爲伯　爲侯伯也　趙鞅

呼司馬寅　寅晉大夫也　曰日旰矣　旰晩也

大事未成二臣之罪也　大事盟也二臣鞅與

寅也　建鼓整列二臣死之長幼必可

知也對曰請姑視之反曰肉食者

知也對曰請姑視之反曰肉食者
無墨墨氣色下也今吳王有墨國勝乎
國為敵所勝也太子死乎且夷德輕不忍
久請少待之少待無與爭也乃先晉人盟不
書諸侯恥之故不錄也吳人將以公見晉侯
子服景伯對使者曰王合諸侯則

子服景伯對使者曰王合諸侯則

伯帥侯牧以見於王伯王官伯也侯牧方伯也

伯合諸侯則侯帥子男以見於伯伯諸侯長也

自王以下朝聘玉帛不同

故敝邑之職貢於吳有豐於晉無

不及焉以爲伯也今諸侯會而君

不及焉以為伯也今諸侯會而君
將以寡君見晉君則晉成為伯矣
敝邑將改職貢魯賦於吳八百乘
若為子男則將半邾以屬於吳半邾
三百乘也而如邾以事晉如邾六百乘也且執
事以伯召諸侯而以侯終之何利

事以伯召諸侯而以侯終之何利
之有焉吳人乃止既而悔之 謂景伯欺
之 將囚景伯〻〻曰何也立後於
魯矣 何景伯名也 將以二乘與六人從
遲速唯命遂囚以還及戶牖 戶牖陳留
外黃縣西北 謂大宰嚭曰魯將以
東昏城是也

東晉城是也

十月上辛有事於上帝先王季辛

而畢何也世世有職焉有職於祭事也自襄

以來未之改也魯襄公也若不會祝宗

將曰吳實然言魯祝宗將告神云景伯不會坐為吳所

因也吳人信鬼故以是恐之也且謂魯不共而執

其賤者七人何損焉大宰嚭言於

故以是怨之也上言魯
其賤者七人何損焉大宰嚭言於
王曰無損於魯而秖為名　適為惡名也
不如歸之乃歸景伯吳申叔儀乞
糧於公孫有山氏　申叔儀吳大夫也公孫有山魯
大夫舊相識也　曰佩玉繠兮余無所繫之
繠然服飾備也己獨無以

相識也曰佩玉繠兮余無所繫
繠然服飾備也己獨無以
繫佩言吳王不恤下也旨酒一
盛兮余與褐之父睨之一盛一器
也睨視也
褐寒賤之人也言對曰粱則無矣
但得視不得飲也
麤則有之若登首山以呼曰庚癸
軍中不得出糧故為私隱
乎則諾也庚西方主穀癸北方主
水也傳言吳子不與

之賤言也庚西方主穀癸北方主水也傳言呉子不與士共飢渇所以亡也王欲伐宋殺其丈夫（直兩反又作大夫誤）而囚其婦人以宋不會黃池故也言呉子悖（補内反）戾也大宰嚭曰可勝也而弗能居也乃歸冬吳及越平終伍員之言也

春秋卷第二十九

經九千三百二十二字

春秋巻第二十九

經九千三百二十二字
注六千九百五十四字

本奥云
文永二年七月十四日以清大外記
之本書寫點校了

書本奥云
弘安元年十二月十日以摺本勘
本手身書寫了

筑後介清原在判

前後介清原　在判

詰老眼加墨點了

前參河守　在判

文永五年十月十八日以家記

令本一校了

本奥云

本奥

文永二年閏四月十三日受

説了彼本在京都于時

無本于〻故

直隆

余奥書同前

文永第六歳初冬〻十二日以家説

授申越後次郎尊閤畢

音博士清原（花押）

一覧畢了　应永己丑仲秋後二日　怡（花押）